# 论人类不平等的起源和基础

（法）让-雅克·卢梭◎著

刘琬莹◎译

中国华侨出版社

北 京

**图书在版编目（CIP）数据**

论人类不平等的起源和基础 ／（法）让 - 雅克·卢梭
著；刘琬莹译 . —北京：中国华侨出版社，2021.10
ISBN 978-7-5113-8026-5

Ⅰ . ①论… Ⅱ . ①让… ②刘… Ⅲ . ①哲学理论—法
国—近代 Ⅳ . ① B565.26

中国版本图书馆 CIP 数据核字 (2021) 第 178178 号

**论人类不平等的起源和基础**

著　　者／（法）让 - 雅克·卢梭
译　　者／刘琬莹
**责任编辑**／李胜佳
**封面设计**／胡椒设计
经　　销／新华书店
开　　本／880 毫米 ×1230 毫米　1/32　印张／7　字数／88 千字
印　　刷／天津旭非印刷有限公司
版　　次／2021 年 10 月第 1 版　2021 年 10 月第 1 次印刷
书　　号／ISBN 978-7-5113-8026-5
定　　价／32.00 元

中国华侨出版社　北京市朝阳区西坝河东里 77 号楼底商 5 号　邮编：100028
编辑部：(010) 64443056　64443979
发行部：(010) 64443051　传真：(010) 64439708
网　址：www.oveaschin.com
E-mail：oveaschin@sina.com

# 译者序

　　人类社会是如何建立起来的？人类的欲望从何而起，又将走向何处？最美好的国度应该是怎样的？对于这些问题，卢梭在这本书中给出了详尽的答案，如果你曾因这些问题感到迷惑，读罢此书，定能有茅塞顿开之感。儿时经历过残忍粗暴待遇而后一生流浪的卢梭，始终冷静审视着人类社会的种种问题。他站在前人的肩膀上，用着先贤的理论和词汇，阐述着石破天惊的全新概念。他用"老瓶"装"新酒"，而这酒却无比甘醇，有着别样的风味。

　　世人常说，卢梭是 18 世纪欧洲浪漫主义文学的奠基人，《论人类不平等的起源和基础》更是法国大革命的基础。卢梭的语言大胆且大气，自由洒脱而又谦卑自持，内容深入浅出，发人深省。他对自由的向往无比坚定，构想出来的美好画面是那样动人。

英国历史学家、散文家托马斯·卡莱尔曾说："在面对巨大的困难时，卢梭既没有表现出排山倒海的气魄，也没有表现出惊天动地的力量，但这正是其非凡之处的真正体现。他所表现出来的强大意志力，绝不是那种勇不可当的勇士所具有的力量，而是另外一种特殊的东西。比如，一个正在痉挛发作的人，可能六个人都无法把他控制住，但他并不能被称为强大有力。一个身负重担，但还能保持稳健的步伐、努力前进的人才是真正的英雄。"诚然，卢梭在那样一个充满纷扰的年代，却从未放弃自己的信念，也从未停止过自己前行的脚步。

卢梭的一生是自由的，他将浪漫发挥到了极致。他曾意气风发，为自己的理论据理力争；他思如泉涌，留下了无数震惊世人的著作。他是如此的才华横溢，歌德、雨果、乔治·桑、托尔斯泰都曾是他的门徒。他也是如此的孤独，他不愿人云亦云，不愿与他人同流合污。卢梭尝尽了孤独的苦楚，嚼碎了生活的苦难，因此他的自由才显得如此纯粹。他在书中写道："他们不仅拥有自由，他们也值得拥有自由。"而他自己正是这样的人。如果你也能在读这本书时感到对自由的向往，产生了对自己生活方式的反思，重生对梦想的渴望，那么，我想，卢梭写这本书的目的就达到了。

# 目 录

# 献给日内瓦共和国的致辞

慷慨、尊贵且至高无上的长官们:

我坚信,只有高尚的人才有权向祖国呈上最诚挚的敬意。我为国效力三十余载,为的就是有朝一日能开诚布公地向你们表达我的崇敬之情。借此良机,我暂且不顾自己是否有这样的资格,只凭一腔热血,来弥补我力所不能及之处。

有幸降生于你们之间,看见了人类之间自然的平等,以及人类自己创造的不平等,我怎能不思量其中深奥的智慧呢?人们以智慧将二者在这个国家完美地结合起来,且使二者以一种遵循自然法则且维护社会利益的方式达成一致,以此既维护了公众秩序,又保护了个人的幸福和安全。在探讨美德对于一个完美的政府的法律章程的意义时，我惊讶地发现，这些美德已经在你们的政府之中付诸实践了。即便我没有生在你们的国家，我仍觉自己不可避免地要把这幅人类社会的画卷展示给所有人看。因为依我所见，这里的人民享受着得天独厚的优势，而政府在预防人类行为失度方面也称得上是翘楚。

如果我有权利选择自己的出生地，我会选择这样一个地方：它的疆域适中，在人类所及范围之内，能被有效地治理。在这里，每个人都尽忠职守，无人将自己的职责推脱给别人；在这里，人人都相互熟识，所有的阴谋诡计和正直的美德都逃不过公众的眼睛，一言一行均受公众的判断；在这里，人们来往密切，这样甜蜜的习惯让人类将对国家的爱转化成对彼此的爱，而非对土地的热爱。

我愿意生在这样一个国家：君主和臣民追求着共同

的利益，国家机器的运转朝着力求让全体人民幸福的目标前进。若想做到这一点，必须做到君民一心。因此，我渴望出生在一个民主的、宽容的政府统治下的国家。

我希望生死皆自由，那么就是说，无论是我这样的平民，还是社会中的名门望族，任何人都必须遵守法律，没人可以游离于这神圣的枷锁之外。这百利而无一害，且让人感觉轻松愉快的枷锁，即便是最骄傲的人，也会恭顺地戴上，即使他们生来就不受任何其他枷锁的束缚。

我希望在国土之内，无人能够凌驾于法律之上，而且不必惧怕自己会被其他国家的法律所支配。因为，无论一个国家的法制章程如何，如果有一个人成为例外，目无王法，那么他人也会纷纷效仿，并会对这个人俯首称臣 [注 1]。

倘若一个国家里有两个领袖，一个是本土人，另一个是外国人，那么无论他们如何竭尽全力地分割权力，也无法使人类完全服从于他们，政府也无法进行妥善管理。

我不希望生在一个新制度下的共和国中，无论其法律多么完善。因为以另一种形式建立起来的政府如果并不能满足人民所需，或者人民无法适应这个新的政府，那么我担忧这个政府的根基从一开始就会面临被动摇甚至被摧毁的风险。

因为，自由就像那美味佳肴和馥郁美酒，只有对其习以为常的强壮之躯才能很好地吸收它们，而虚弱、脆弱的身体一旦摄入它们，只会引起消化不良甚至遭到破坏。人类一旦习惯主人的存在之后，就再也离不开了，而后，他们越是想摆脱枷锁，反而离自然之路越远。因为对他们来说，自由不过是摆脱桎梏的一张没有限制的通行证，而最后他们只会将命运交到一些蛊惑他们的骗子手上，他们身上的枷锁非但未被减轻，反而比以前更加沉重。就连自由国家的典范——罗马，在摆脱塔尔干王朝（Tarquins）的压迫后，最终仍然没有做到自治。深受奴隶制迫害，饱受屈辱的罗马人，一开始地位极其卑微，人们必须用极大的智慧，才能教化这些在专制统治下变得木讷或愚钝的生命，让他们逐渐习惯于呼吸自由的空气，让他们懂得礼仪的重要性和勇气的神圣，最终使他们成为地球上最受人尊重的人类。

因此，我想找寻一个幸福、安宁的共和国，它的源头早已消失在夜晚的星河中，无从追寻。这个国家的人民所经历的一切都让他们更加斗志昂扬，更加勇敢。这里的人民一直在开明且自由的状态中生活着，他们不仅本身就是自由的，他们也值得获得自由。

我想选择这样一个国家：它能力有限，也没有什么野心，并不妄图去征服其他国家，这样一来，反而使自己更加和平安定，也不必担心其他国家会来侵占自己的土地。这是一个坐落于众多国家中的自由城池，没有任何一个国家会为了自己的利益去破坏它的自由，相反，还会自发地保护它不受侵犯。总之，这是一个不会引起邻国的野心，必要时还能获得他国帮助的共和国。这样一个和平、安宁的共和国，毫无对外患的恐慌，只有对于内忧的担心。因此，国民拿起武器，勤加锻炼，与其说是为了保卫自身安全，更为恰当地说是为了保持一种尚武的热情、活力和振奋精神。这样一来，既保持了自由的状态，又能让人们更好地享受自由。

我想找寻这样一个国家：在那里，立法权属于所有人，因为没有任何人比他们更了解自己想要在什么样的状态下生活。但我并不同意罗马式的全民表决，在这样的表决体系中，共和国的首领和最关心国民安全和福祉的人，却不能参加与国家安全息息相关的决议。此外，出于一种极其荒谬的原因，执法者被剥夺了地位最卑贱的居民也能享有的权利。

相反，为了防止那些为了一己私利或者并不周全的计划的出现，以及为了阻止那些会毁灭雅典人民的危险改革的发生。我认为任何人都无权提出自己突发奇想的法律，因为这种殊荣只属于执法者；执法者必须言行谨慎，奉公执法；人民必须在深思熟虑之后才能表决通过执法官提议的法律；法律颁布现场必须神圣庄重。如此一来，在法律被动摇前，人们有充足的时间相信法律。法律作为伟大的传统，没什么比法律更加神圣，更令人尊重的存在。人们很快就会开始蔑视那些变化无常的法律，鄙视那些为了追求异想天开的变革而抛弃传统的政府，他们往往为了修正一些微不足道的弊端，而引起极大的祸端。

我不想生活在这样一个管理不善的共和国：在那里，人们认为自己不需要执法官，或者只留给执法官极小的权力，而草率地将管理民事的权利牢牢握在自己手中。这一定是刚刚脱离自然状态的政府的最初状态，这也是导致雅典共和国迅速堕落的原因之一。

我会选择这样一个社会：在那里，人人都享有法律批准权，对重大公众事务的决策权和举报执法者的监督权；他们会建立起值得尊敬的法庭，谨慎划分不同部门，每年选举最有学识、洞察力最强且最为正直的人作为执法人员和管理人员。在那样一个社会里，执法官各个奉公守法，刚正不阿，他们也衬托出公民们非凡的智慧。执法者和公民们互相尊重，彼此以礼相待。基于这样的原因，即便有危险的失误出现，破坏了公众的安宁和和谐，在人们手忙脚乱、失误频发的时候，大家依然对彼此保持着适度的礼貌和尊重，也会奉公守法。这样才是一个真诚、持久且和谐的社会的征兆和保证。

慷慨、尊贵和至高无上的统治者们，这些便是我在选择出生地时所寻求的优点。但如果这个地方地理条件优越，气候宜人，土壤肥沃且具备天底下最美好的所有条件，我将感到非常幸福，也会渴望去享受这个美好国度中的一切美妙事物。我将与其他公民们一起在这个甜美的社会里平静地生活下去。我会向他们学习，视他们为榜样，做一个有人性、知情谊、懂美德的正直之人，死后为他们留下一个值得尊敬的、有价值的爱国者形象。

或许是因为未受上天眷顾，又或是因为开悟太晚，如今我只能在异国他乡，过着一种无力、日渐衰弱的生活，了此残生，同时又为年轻时选择放弃安宁和平静的生活而伤怀，但在我的灵魂深处还隐藏着一份情感，即便这份情感在自己的国家毫无用武之地。我满怀着对远方同胞们最柔软、最无私的感情，迫不及待地想对他们致以这些热忱之辞：亲爱的同胞们，更为确切地说，是我的兄弟姐妹们，既然血缘和法律将我们紧紧地联系到了一起，那么，一想到你们所享受的快乐，我便会感觉喜不自胜。已经失去了这份快乐的我，比任何人都更能体会这份快乐的珍贵。我越是想到你们的政治和公民的生活状况，就越难想象这世间还有更好的方式使事物本质得以如此完美地运行。

其他的政府，在涉及确保国家的最大福祉时，会寄希望于一些假想的概念或者单纯的可能性。

而对你们来说，幸福已经在你们手中，你们只需要尽情享受它，只要你对自己所拥有的感到心满意足，你就会非常幸福。你们靠刀剑获得或收复了主权，并用勇敢和智慧守护了两个世纪，最后得到了全世界的认可。

你们用最令人信服的条款规定了疆界，确定了自己的权利，保证了生活的安宁。你们的宪法非常完善，它既是智慧的结晶，又受到最令人尊敬的力量的庇护。

你们的国家非常安宁，你既不必担心战争，也不必担忧有外敌入侵。你唯一的主人就是公民自己制定的、公正的法律，而管理你们的执法者也是你们自己选举出来的。你们不算非常富有，不会沉迷于纸醉金迷之中，也不会因为在虚无的欢愉中迷失，而停下追寻真正快乐和美德的脚步；你们也不算贫穷，不需要寻求陌生人的帮助，仅靠自己的双手便能丰衣足食。那些大国要靠征收大量的税款才能保有自由，而你不费吹灰之力就能将自由牢牢把握在自己手中。

这一共和国的结构如此完善，充满了智慧，为了公民的幸福，愿它永远繁荣昌盛，生生不息。这将是你们以后唯一的心愿和唯一需要关心的对象。在未来的生活中，你们不需要想方设法地让自己幸福，你们的祖先已经为你们解决了这一问题，你们只需要理智地享用，让这份幸福一直延续下去。你们只需要团结一心，奉公守法，尊重执法者，那么你们的安全就会得到保证。如果你们之中埋藏着仇恨和怀疑的种子，必须立即将其连根拔起，不然它们迟早会招致不幸，破坏公众利益。

我请求你们回到自己的内心深处，听听自己的良知发出的隐秘的声音。在这浩瀚的宇宙里，你是否还能找到比执法者更正直、更聪慧、更值得尊敬的人呢？

他们生活质朴，奉公执法，态度谦和，一言一行不都是在为你们树立榜样吗？因此，为了你自己，请毫无保留地信任这些智慧的执法者吧！这份信任合情合理，是对于美德的褒奖。

你们选择了他们，他们也将用实际行动证明你们的选择是正确的。你们赋予他们以权力，他们也终会将赢得的荣誉归还于你们。任何人都知道：一旦法律失去了效力，那么守护法律的人也会失去权力，在这样的情况下，还有人能够享有安全和自由吗？

因此，你需要带着适当的信心，为了利益和责任，理智且欢欣雀跃地做自己应当做的事，这难道不是理所应当的吗？

在支持宪法方面，请不要持有错误和危险的冷漠态度，因为无论何时你都需要它，而这种态度可能会让你忽视那些有学识、有智慧的同胞们提出的明智的建议。请保持公正、节制，永远心怀敬意，让这些美德能够继续约束你的行为，向世人展现出一个英勇、谦逊，渴望荣耀而又向往自由的英雄形象。

　　除此之外，要提防那些歪曲事实、暗藏恶意的言论，比起这些言论导致的行为，其中隐藏的动机更加危险，这是我给你们的最后的忠告。

　　一只值得信任、洞察力强的狗只会在盗贼入侵时狂吠不止，将全家人从梦中叫醒；而那些狂吠无度，不停扰乱公众安宁的狗，总是在传达不合时宜的信息，那么即便到了关键时刻，也没有人会信任它们了。

　　杰出、高贵的执法者们，你们值得赢得所有自由人的尊敬，请允许我由衷地表达我的衷心和敬意。如果这世界上存在一种地位，能使处于这种地位的人拥有无上荣耀，那么毫无疑问这一定是靠才能和智慧而造就的地位，是你们当之无愧的地位，正因如此你们才会被同胞们选拔出来。他们用自己的功绩为你的功绩增添了更为灿烂的一笔，而且你们是由那些具备领导才能的杰出人才选拔出来的，所以我认为你们身份比其他官员更加尊贵。正如一个自由的国家（这个你们有幸管理的国家）

的人民凭借其卓越的学识和智慧，能够拥有远高于其他国家的乌合之众的地位。

请允许我举一个例子，它在我的脑海里留下了最美好的印记，一个我永远都不会忘怀的记忆。

每每想起，我的内心总是涌起无限的温情，那是关于给了我生命的那位品德高尚的公民的回忆。当我还是孩童的时候，他便总是教导我要尊重你们。我仍然记得他凭借自己的双手努力工作的样子，他曾用最崇高的真理滋养自己的心灵。我看见塔西佗（Tacitus）、普鲁达克（Plutarch）和格劳秀斯（Grotius）的著作，以及他劳作所需的工具陈列在他面前。我依稀看到他亲爱的儿子坐在他身边，聆听着父亲循循善诱的话语，只可惜这个儿子收获寥寥。尽管年幼无知的我曾经感到茫然，忘记了这些明智的教诲，但万幸的是，最终我还是明白了：无论一个人如何沉沦于罪恶，在聆听充满深情的教诲时，他也绝不会不为之动容。

最值得尊敬的杰出执法者们，这就是你们管辖范围内最淳朴的公民。他学识渊博、通情达理，而在其他国家却被当作最卑贱的人，这是多么错误的观念！

我可以很高兴地承认，我父亲只是一个默默无闻的普通人，他与同伴相比没什么特别之处。但是，渊博如他，没有一个国家不愿意倾听他智慧的话语，而且与他熟识的人都不会被地位和金钱所迷惑。

感谢老天爷的厚待，尽管这不关我的事，我也无须对你们说这些话，但这样的人实在值得你们的尊重啊！他们所受的教育，享有的权利和出身与你们都是平等的。他们自愿成为你的下属，是因为他们仰慕你的功绩并认为自己应该对你表示尊重，而你也应该对他们表示感谢。

我很高兴地看到，身为执法者的你们，在与他们交往的过程中，神色不再那么严肃，态度谦和慈爱。对于他们向你表示的服从和尊重，你也同样报以重视和关怀。

这样的行为充满了正义和智慧，也使那些本该在沉默中被遗忘，或应该被历史的洪流所淹没的惨痛回忆逐个消失。这样正直、平等和慷慨的做法，也让人们乐于履行自己的义务，且能自然而然地尊敬你们，最后他们会用维护自己的权利和荣耀的热情去为你效劳。

文明社会的首领关注自己国家的荣耀和福祉不足为奇，但如果一个首领把自己视作更加神圣、更加高贵的国家执法者，或这个国家的主人，而能对自己赖以生存的祖国表现出些许的热爱却是不寻常的。

我们的人民拥有的却是个罕见的例外，这令我感到非常高兴。我们之中最优秀的公民能够做到虔诚地追寻法律规定的神圣教条，他们可谓是值得尊敬的灵魂牧师，他们用自己温柔、动听的声音将福音的准则牢牢地根种在人们的心中。因为为了传播福音，他们总是身体力行，言行合一。

众所周知，布道的艺术在日内瓦得到了广泛的传播，但是由于人们见惯了言行不一的行为，因此只有很少的人会去认真思考基督教义、道德的神圣、严格的自我要求和对他人仁慈的重要性，或许，只有在日内瓦，神学家和文人才能完美地结合到一起。我认为让二者和谐相处、相安无事的关键在于他们之间相互承认的智慧和节制，在于他们希望公共利益繁荣发展的热情。我心怀喜悦、惊喜和尊敬地发现，他们是那么地厌恶那些神圣的野蛮人所规定的骇人听闻的教条。历史已经不止一次地向我们证明，他们声称是为了保卫神权，实际是为了自己的利益，而用人类的鲜血来祭奠，以此来抬高自己，让人们对他们顶礼膜拜。

我怎能忘记共和国人民中占据半数的女性同胞们呢？她们用自己的柔情和智慧维持着和平，为德行保驾护航，也让男人们倍感幸福。亲切的、品德高尚的女性同胞们啊，你们注定要主宰男性的命运。这何尝不是一件幸事！你们在婚姻关系中坚守的贞洁权力，是为了国家的荣耀和幸福而存在的啊！只有你们才能在斯巴达发号施令，只有你们才配掌管日内瓦。哪有一个男人会那样野蛮，竟能对温柔的妻子口中说出的光荣而又理性的话语置之不理呢？见过你们简朴而又端庄得体的装束后，谁能不同意这就是对"美"最好的呈现，谁能不对空虚的奢华嗤之以鼻呢？是你们，用那亲切、天真的方式管理着国家，又用那如沐春风的话语维持着公民之间的和谐，让公民们尊重、爱护国家的法律。你们还用幸福的婚姻让一个个家庭团结到一起。

除此之外，你们还用温柔的方式对年轻人进行劝说，你们的话语极具说服力且十分优雅得体，让那些在其他国家可能误入歧途的年轻人走上正轨。在其他国家，年轻人不会通过观察和实践去获得有用的东西，回家时依然头脑空空，他们用从行为无状的女人们那里学来的毫无男子气概的声音和荒诞的神情，崇拜并追逐一种我无法理解的虚无的荣华，而这份荣华只是对奴役状态轻描淡写的补偿罢了，根本无法与令人敬畏的、伟大的自由相比。

因此，坚持做自己吧，做德行的忠实守卫者与和平的甜蜜纽带吧！为了坚守责任和道德，继续发扬那自然的法律吧！

我相信，我所说的是有据可循的，因为我将公民的幸福和共和国的荣耀建立在你强大的能量上。然而，我必须承认，即便有这些优点，我们的国家也不能在那些令人眼花缭乱的光辉前，佯装成光彩夺目的样子。

而这种浮夸且可悲的品位正是繁荣和自由最大的敌人。让那些愿意用暂时的欢愉换长久的痛苦的年轻人去别的国家快活吧！让那些所谓的有品位的人去别的地方欣赏华丽的宫殿、美丽的车马、富丽堂皇的家具、浮夸的戏剧，以及所有奢华、放纵的事物吧！在日内瓦，目光所及只有平凡的人，但这本身就极有价值，而那些追求这种价值的人，不输于任何追求其他价值的人。

最为慷慨、值得尊敬和至高无上的执政者们，我祝福你们的时代永远繁荣昌盛，也希望你们能接受我满含敬意的祝福。

如果因为我过于激动而导致言语中有冒犯之处，还请你们多加原谅。请你们念在我爱国之心太过赤诚的份上宽恕我吧，因为我唯一的期望就是看到你们都能够幸福安康。

杰出、尊贵、至高无上的执政者们，我向你们致以最崇高的敬意。

你们最谦卑、最恭顺的仆人和公民

让－雅克·卢梭

1764 年 6 月 12 日于尚贝里

# 序　言

以我所见，人类认识最为浅薄却最实用的知识，就是人类对自己的认识 [ 注 2]。我敢说，单是那些镌刻在德尔菲斯神庙上的铭文，就比那些伦理学家的长篇大论来得更加重要也更加深奥。

因此，我将这篇论文所探讨的话题视为哲学家能够探索的最有趣的问题之一。

但是，令人感到遗憾的是，这也是哲学家们最难解决的问题，因为倘若人类都不了解自己本身，那么他们该如何得知人类不平等的起源呢？

人类的灵魂，随着时代的变迁，在社会中不停变换形态。它受到上千种因素的影响，不断地接受新知识和谬误，在身体构造不断变化的过程中，以及在情欲的刺激下，它早已变得面目全非，难以辨认。就像海神格劳克斯的雕像一样，在时间流逝、海水冲刷和风暴侵袭之间，它已失去最初作为一尊神灵的威严，形体的变化让它如今看起来更像一头野兽。人类也不再遵从固定不变的准则，造物主赋予的神圣、庄严而又简单的特质也不复存在，只有自认为合理的情欲与对于事物错乱的认知还依然汹涌着。

　　更为残酷的是，人类取得越多的进步，与原始状态的距离就越远。我们接收的新信息越多，离掌握真正重要的知识越远。换而言之，我们越是绞尽脑汁地去研究人类，就越无法真正地了解人类。显然，我们要从人类结构经历的一系列变化中探寻人类区别于其他物种的最初源头。这里存在一个普遍的共识，就是人类起初与其他物种一样，都是平等的，直到后来经历了一系列我们可以观察到的身体上的改变。事实上，对于这些最初在人类身上发生的变化，无论是何种形式，这些变化在不同人的身上都不可能产生相同的效果。有些人开始进步，或者生活状态得到改善，或者获得了良好的品德，抑或是走向堕落，这些都非天生的品质，而其余一部分人则会继续长时间地停留在原始状态。这就是人类不平等最初的起源，比起精确地定义其真正原因，这样笼统的描述来得更加简单。

有一些我很难理解的问题，我不敢夸下海口承诺一定会搞清楚，也请读者不要过度期待。我先提出了一些假设，然后做出了一些推测，而我并没有期望可以解决这些问题，只是想阐明一些观点，然后还原其真实状态。在探寻的路上，想走下去容易，到达终点却很困难。因为，要想分清哪些是自然的特征，哪些是后天习得的品质实在不容易，要想了解哪些已经不复存在，而且可能未来也不会出现的状态更是难上加难，尽管这对于我们研究现在的状态大有裨益。

　　人类如果想进行精确定义，或者想对这一话题进行可靠的观察，掌握更多的哲学知识是必不可少的。在我看来，能够完美地回答以下问题的人不亚于当代亚里士多德和普林尼（Pline）：为了认识自然的人类，我们需要进行什么样的实验？以及当今社会中，进行这些实验的最佳方式有哪些？

　　我不敢妄言自己可以回答这一问题，我只是对其展开了深入的思考。无论是最聪慧的哲学家，还是权势滔天的君主都不能完美地完成这些实验。如果我们期待他们能够合作，或者为了双方都能取得成功，进而让双方以惊人的毅力、卓越的智慧、敏锐的观察力和强大的意志力通力合作，这将是极不明智的选择。

　　迄今为止，人类还没有对这些艰难的研究做深入的探讨，而这些研究却是我们排除万难，发现人类社会真正基础的唯一方法。

　　正是对人类本性的无知，使我们对自然权利的定义模糊不清。布拉马基（Burlamaqui）曾说过："'权力'的概念，更为确切地说是'自然权利的概念'，显然与人类本性有密不可分的关系。因此，只有从人类本性、体格和状态出发，我们才能推论出这项研究的准则。"

　　令人惊讶和不解的是，任何研究这一课题的作者的观点都不尽相同。我们几乎无法在这些最具权威的学者中找到一致的观点。更不必说那些哲学先贤们，他们甚至在最基础的问题上也要争论不休。那些古罗马的法学家们将人类和其他动物毫无区别地置于相同的自然法下。因为他们宁愿把自然法则理解为自然施加于个体自身的法则，而非用来束缚他人的法则。或者，更为确切的说法是，他们在使用一种独特的方式解读"法则"这个词语。他们认为"法则"不过是为了保证生命体的生存而建立起来的一般关系。现代法学家认为："法则"仅仅是一种精神的存在，是基于它与其他存在的关系之上的一种睿智、自由且受尊重的规则。

　　按照这种说法，自然法的权限将仅限于有理性的动物，即人类，而不同人对"自然法"的定义各持己见，由于他们所有人都将这套法则建立在形而上学的理论之上，因此只有少数人能够知其深意，能够自己发现这些原理的人更是少之又少。

　　尽管这些博学的学者们的说法中一直存在分歧，但他们却在一点上达成了共识：除了那些敏锐的推理学家和学识渊博的形而上学者，没有人能够明白自然法则，自然也没有人会去遵循自然法则。

　　这也就是说，人类一定运用了极大的智慧才建立起了社会，这个过程一定极度艰辛，即便在社会环境里，拥有这些智慧的人也是凤毛麟角。

　　既然人类对自然的了解如此浅薄，对于"法则"的定义也存在如此多的分歧，那么就更难期望人们对"自然法则"的概念能够统一起来。相应的，我们在书本上找到的定义，除了有说法不统一的缺陷，另一个局限性还在于人类并不是天生就拥有这些知识，只有脱离自然状态之后，人类拥有了一些优势，然后才能形成这些概念。

学者们往往先从人类的公共利益出发，寻找一些人类普遍认可的准则，然后将这些准则汇总起来，将其称为自然法。这样做的唯一依据是，这些普遍实施的准则会带来一定优势。毫无疑问，这是下定义的最简单方法，也是以近乎武断的方式定义事物本质的最简单方式。

由于我们对自然状态下人类使用的法则知之甚浅，因此，我们自然也无从得知人类后天接受的和最为适用的法则。对于这一法则，我们能明确阐明的只有以下几点：首先，既然它被认定为"法则"，那么其规范范围内的人类必须无条件地自觉服从于它；其次，这一法则必须是自然的，它必须经由自然的口舌，传递自然之声。

让我们把那些描绘人类既成模样的科学书籍放到一边，去探索人类灵魂最初、最纯粹的状态吧！

我认为我可以从中辨认出先于理性存在的两个原则，一个让我们对自己的生存和福祉产生浓厚的兴趣，另一个则让我们在看到同类受苦或者死亡时产生一种自然的反感情绪。

我们凭借现在的思想水平所能做的，就是在无须引进人与人之间关系准则的前提下，将这两个原则联系并结合起来。以我所见，如此才能催生其他所有的自然法则。随后，理性的力量逐渐膨胀，最终强势压制了本性，于是，这些规则不得不被建立在其他基础之上了。

因此，我们大可不必在人类完成对自己的塑造之前强迫他成为一位哲学家。他并不是在智慧之声的引导下才有履行义务的意识。只要他懂得节制，他就不会去伤害别人或任何感性的存在，除非是他的生存受到威胁，

他不得不以自己为先的时候才会做出这样合情合理的
举动。

　　通过这一方式，我们也能结束那些自古以来就有的
对于其他动物是否也在自然法的范围内的争端。动物既
没有理性，也没有自然意志，那么它们也不可能熟悉法
律，但因为它们的感知与我们的品质存在相同之处，因
此人类有理由认为它们也是自然法则的受益者，人类对
这些动物也存在某种义务。

　　事实上，如果我不得不去伤害某一生物，更有可能
是因为它是一个感性的存在，而不太可能是因为他是一
个理性的存在。既然这一品质为人类和野兽所共享，那
么动物也应享有一种权利：它们不应遭受到人类不必要
的伤害。

　　这种对最初人类，对他的真正需求，对他所承担义
务的基本原则的研究，是我们唯一可以采纳的良方，因
为这样可以克服道德不平等的根源，政治主体的真正基

础，成员相互间的义务等方面的无数困难，以及上千个
类似的问题。这些问题都至关重要，而又尚未被人们所
充分理解。

平心静观人类社会，乍一看来，不外乎弱肉强食。
人们一边震惊于一个人如何残忍，一边又为其他人的盲
目而心生悲悯。在人的生活中，没有什么比外部关系更
不稳定，这种关系更是出于偶然，而非基于智慧，或被
冠以弱或强、贫或富的差异。人类的成就乍一看来，就
像片片流沙上建起的一座座城堡。只有走进这些城堡，
剥除包围掩盖这座大厦的尘土和沙子，进一步观察，我
们才能看到大厦屹立不倒的根基，并学会尊重这一根
基。但是，我们如果未能认真研究人、人的自然能力及
人的不断发展的进程，我们就不可能做出区分，也无法
在事物的实际构成中，把神性意志与人类艺术的产物分
离开来。

因此，我所研究的重要问题，以及就此所做的政治

和道德考量，无论从哪个角度来讲都非常有益。我构想出的政体历史，在各个方面对人类都具有教育意义。如果任由我们自己发展，想象我们未来可能成为的样子，我们就应该感谢这样的人——他伸出乐善好施的手，修正了我们制度中的错误之处，并建立了一个坚不可摧的根基。他还通过预测及时阻止了骚乱的发生，或可能在他的干预之下，遏制了那些会让我们悲惨至极的情境，而让我们得以永久地享受真正的幸福。

神让你做什么样的人？

现在，你在人类中占据什么样的位置？

对此，你应该有所思考。

第戎科学院提出的问题：

人类不平等的起源是什么？人类的不平等是否为自然法所认可？

# 关于注释的说明

    我给这部作品加了些注释。我有个懒散的习惯，有时又信马由缰。这些注释有时离题太远，无法与本文一起阅读，因此，我就在论述结束时把他们都放在一起，尽自己最大努力不绕那么多弯子。如果有人能有足够勇气再读一遍，可能会发现有些内容是在东拉西扯。不过倘若不厌其烦地翻阅这些笔记，也自有乐趣。当然可能有人不想给自己添麻烦，不会去读这些东西，倒也无所谓。

# 导 论

　　我想讨论人这一话题，而我要回答的问题，也决定了我要与人对话。只有无所畏惧、坦诚直率的人才会提出这样的议题，所以此刻我站在那些邀请我的智者面前，带着满满的自信。如果我没有辜负这个主题，没有让各位评审者失望，我将不胜欢喜。

　　我认为人类之间有两种不平等：第一种我称之为自然的不平等，或身体上的不平等，它由自然决定，是存在于年龄、健康、体力、精神或灵魂上的差异；另一种是道德上，或政治上的不平等，它是从惯例中衍生出来的，建立在人们的共识之上，或者至少是被授权的。这种不平等通常表现在少数人的一些行为上：他们肆无忌惮地损害他人利益，让自己享有特权，例如敛财，收获名誉，坐拥权利，甚至要让他人俯首称臣。

你不必去问自然的不平等的原因，这一词本身便能回答这个问题。你更不必问这两种不平等间是否存在什么联系，这就像在问是否发号施令的人比听从命令的人更优秀一样，或者询问对于同一群体来说，人们体力或智力、智慧或美德是否与权力和财富相称。这样的问题更适合那些对主人唯命是从的奴隶去讨论，却并不是追求自由和真理的人的主要议题。

那么，这篇论文主要想探讨什么呢？

首先，本文想要描绘，在事物发展进程中，权力代替暴力，自然受制于法律的那一时刻，然后要描绘那一连串的令强者屈服于弱者，使人民以牺牲真正的幸福来换取想象中的安逸的令人瞠目结舌的事件。

那些研究过社会基础的哲学家们，每个人都认识到了回归"自然状态"的必要性，却无人达到过那样的境界。

有些人不假思索地认定处于"自然状态"的人有"正义"或"非正义"的概念，却没有动脑筋去加以证明，也未曾讨论过那种观点对他来说是否有用。另外一些人曾说过守护属于自己的东西是每个人自然的权利，却没有说明"属于"这个词的含义；还有一些人授予了强者统治弱者的权力，并立即建立起了政府，却没有给人们留出时间去理解"权力"和"征服"这两个词。

有些人总是喋喋不休地谈论着需求、欲望、压制、渴望和骄傲，他们将在社会中学来的观点转移到自然状态的观点之中。他们谈论野蛮人时，使用的却是描述社会人的特征。愿意去思考自然状态是否真的存在过的学者少之又少。通过《圣经》的描绘，我们能够发现，世界上的第一个人，由于立即受到了上帝的指点和训诫，因而未曾处于自然状态之中；如果我们对摩西著作深信不疑，那么毫无疑问，在大洪水之前，自然状态也从未存在过，除非发生了什么非比寻常的事。这是一个难以自圆其说的悖论，也无法进行证明。

　　先将事实放在一边，因为这与我们要讨论的问题并不相关。我们此时所做的研究并不能被当作史实，而只是一种假设和假定的推理，就像博物学家研究世界的构成一样，其意在说明事物自然的本质，而并非意图追溯其本源。宗教使我们相信：上帝使人类摆脱了自然状态，但他只是依照自己的意愿和喜好随性而为，因此，人与人之间存在不平等。但是，宗教并没有禁止我们仅仅依据人类的本性和周围的环境进行大胆猜测：如果他们随性而为，他们的命运将会是怎样的呢？这正是我被问及的问题，我也将在本篇论文中探讨这个问题。

　　既然论题涉及所有人类，我将试图采用一种所有人都能理解的表达方式，或者抛开时间和地点的局限，只讨论人类本身。我想象自己置身于雅典演讲厅内，引述我的导师传授于我的知识，柏拉图、齐诺克雷蒂作为我的裁判静坐厅内，而所有人类都是我的观众。

人类啊，无论你来自哪个国家，无论你持怎样的观点，请听听我说的话吧！你们将听到你们自己的历史，并不是出自那些人类编纂的充斥着谎言的书，而是来自那本从不欺瞒的自然之书啊！

我所述的内容，字字属实，绝无虚假，假如其中掺杂了我个人愚见，则那并非我本意。我想谈论的年代已经非常遥远，同过去相比，你们发生了多么大的变化啊！我将要描写的是你的生活、获得的品质、所受的教育和习惯，它们或许已经遭受了腐蚀，但还没有被完全摧毁。我想描绘一个人人都想停留的时代，也是你想追寻的那个希望人类永远停留的时代。当你对现状不满，想到自己的后代则更感不安时，你可能会希望回到过去。这种想法可以看作是对父辈的颂扬，对同辈人的谴责，也是那些安于现状，苟活于世的后辈恐惧的源头。

# 第一部分

　　为了对自然状态的人有一个正确的判断，我们应该寻根溯源，从人类最初的胚胎状态进行研究。

　　我不打算通过人类逐步完善的过程研究其结构，没有计划停下来研究人类从开始的动物系统到逐步成熟的过程。我也没打算去求证，是否就像亚里士多德所想的那样，人类那疏于管理的指甲起初并不是弯曲的，身体或许也并不像熊一样布满毛发，又或者用四肢爬行 [注3]，眼睛看着地面，视力范围只有几步远，从而限制了他的思想的性质和范围。

　　对于这些问题，我只能给一些模糊的，甚至可以说是想象的推断。比较解剖学尚未发展成熟，自然主义者们的观察也比较模棱两可，所以这些还无法支撑起一个牢固的体系。因此，如果我们不依附于超自然信息，或关注人类身体内部或外部构造上必将产生的变化——人类为完成新的目标或适应新的食物而产生的变化，我将假定人类一直都是同一的，就像我们现在看到的那样：人类一直用双足直立行走，像我们一样使用双手，用眼睛环顾自然，丈量广袤的宇宙。

如果我将人类身上的超自然天赋和后天循序渐进获得的能力通通褪去，将他描述为纯粹自然的产物，那么我认为人类并不比动物强壮或敏捷，却拥有得天独厚的优越结构。他将在橡树下满足口腹之欲，在随意一条河边酣饮，吃饱后便能在树下酣然入睡。如此这般，他便心满意足了。

肥沃 [ 注 4] 的土地上，树木成荫，刀斧也不能将其毁坏。森林各处为所有动物提供了粮仓和避难所。人类混迹其中，观察模仿着动物的一举一动，逐渐也有了野兽的本能。每种动物都有自己特有的本能，身无长技的人类，却能将其他动物的技能"据为己有"。

并且，人类能够适应各种不同的食物 [ 注 5]，这样的一种特质，让他们的适应能力比任何动物都要强。

人类自在襁褓之中就逐渐适应了严酷天气和四季变换的考验。他们早已熟悉了疲惫的感觉，即便赤身裸体，手无寸铁，为了保卫自己的生命和猎物，也要同其他猛兽展开搏斗，或者为了躲避猛兽，他们不得已练就了逃跑的能力，由此强健了体魄，且这种体质一旦形成便会持久存在。孩子们自呱呱坠地之时便已被父母赋予了优秀的体质，并在相同的训练中逐渐增强，从而获得了人类所能达到的最为充沛的活力。

自然对待他们的方式，与斯巴达训练孩子们的方式如出一辙，她让那些生来体格良好的孩子更加强健，而让那些体弱多病者逐渐消亡。

这与我们的社会有所不同，在我们的社会中，孩子

成为父母的负担，甚至尚未出生就不加区别地被扼杀在
胎中。

对于野蛮人来说，身体是他唯一的工具，他会充分
利用自己的身体，而对于疏于锻炼的我们来说这已经不
可能了。野蛮人必须身强体壮，反应灵敏，而现在的我
们在工业文明的浸润下已经失去了这些特质。

如果有一把斧子，野蛮人还会徒手轻易地从橡树
上折断树枝吗？如果有弹弓，他还会用手向远处投掷石
头吗？如果有梯子，他还会动作敏捷地爬上树吗？给文
明人一些时间，让他去集齐所有的机器，那么毫无疑问
他会轻而易举地战胜野蛮人。如果你执意想看一场更加
不公平的比赛，那么就脱去他们的衣服，拿走他们的武
器，让他们面对面较量，这样你很快就能发现野蛮人的
优势了。他们为了应对突发事件，时刻准备着，储备能
量，随时保持最佳作战状态。[注6]

霍布斯认为：人类天生无所畏惧，永远跃跃欲试地

想挑起战争。然而，著名哲学家昆伯尔兰（Cumberland）和普芬道夫（Puffendorff）却持相反意见，他们认定自然状态下的人时刻处于极度恐惧状态中，总是战栗不已，只要感知到什么动静或异响，马上就会逃之夭夭。诚然，人类在遇到不熟悉的事物时确实会如此。我相信他在看到新鲜事物时会受到惊吓，因为他无法区分这个物体是好是坏，也无法判断自己的力量是否能与眼前的危险相抗衡。然而，这样的情况在自然状态下很少发生。

地球始终以同一的规律运行着，不会受突发的或持续的改变的影响，也不会为人类群体的感情和变化所左右。

但与动物一起生活的野蛮人，不受社会群体的限制，居无定所，他们被迫早早地便开始衡量自己的力量，并将自己的力量与动物的相比较。当他们发现自己的力量更胜一筹的时候，便不再惧怕那些动物了。

当一头熊或一匹狼袭击一个执着、敏捷、果断的（野蛮人共通的品质）手持石块或结实的棍棒的野蛮人的时候，你会发现双方难分高下，彼此势均力敌。几个回合下来，那些本身并不好斗的野兽会发现人类也同它们一般凶猛，因此也就不再袭击人类了。

面对力量远胜于自己的动物，处于弱势地位的人类仍然会想尽办法生存下来。人类还拥有一个绝佳的优势，就是同动物一样敏捷，并能够在树上找到安身之处，他们在那里来去自如，无论是选择战斗还是逃跑，总能从容应对。

我们还需注意的是，除非是出于自我防护或极度饥饿，任何动物都不会轻易与人类开战。两者也并非水火不容，就好似一个物种生来就要以另一物种为食一样。

但有另一种更加可怕的敌人让人类无力招架，那就是幼小、衰老和疾病等天生缺陷。这些标志我们的弱点的可悲的证据中，前两个属于所有动物，最后一个从生活在社会中的人身上体现得尤为明显。

我们也可以看到，在照顾幼儿时，人类母亲无论走到哪都会带着孩子，以便悉心照料，这样就省去了很多麻烦，而雌性动物不得不来回往返，一方面要保证自己的安全，一方面还要哺育幼崽，以致身心俱疲。在这种情况下，如果母亲不幸遇难，幼崽也难以幸存。自然界中千百种生物都要面对这样的危险，因为幼崽们需要大量的时间去成长。尽管人类幼年时期比动物的要长，但是人类的生命也要更长，所以，在这一方面，人类和动物是平等的 [注 7]。在人生的第一阶段，人类和其他动物发育期周期和数量方面还有其他规律可循 [注 8]，但这并不在我的讨论范围内。

对于老人来说，他们的活动量减少，排汗量降低，觅食的能力下降，对食物的需求也减少了。野蛮的生活方式让他们免遭痛风和风湿病的困扰，而衰老成了他们生活中最无能为力的事。他们终会离去，会以一种不被人察觉的方式不知不觉地消亡。

关于疾病，我不想重复那些健康的人说的关于药物无用这种虚假、不实的说辞。我只想问，是否有可靠的观察结果能够证明，在那些重视医学的国家，人的生命周期要比在那些忽视医学的国家的人要长？而如果我们感染的疾病超出了医学所能治愈的范围，结果会如何？由于人类社会中存在阶级划分，不同人的生活方式也极不平等，有人疲于奔命，精疲力竭，有人却终日无所事事。我们都在极力刺激着我们的感官，满足自己的欲望。富人的餐食十分精致，由于他们只摄取食物中的精华部分，他们的消化功能因此被削弱，而穷人却只能吃不健康的食物，还经常饥肠辘辘，因此一有机会，他们便会狼吞虎咽，由此加重了肠胃的负担。窥伺、纵欲、耗尽体力、精神萎靡，每一种情况都会让人感到无尽的痛苦和焦虑，人类的内心也会遭受折磨。

这些都证明了人类的疾病多数是咎由自取的结果，

假若我们回归本源，过着简单而始终如一的隐居生活，我们本可以避免这些痛苦。

如果说自然的本意是让我们永远健康，那么我几乎可以断言，思考是一种反自然的行为，冥想的人类是一种堕落的动物。

想想那些身强体壮的野蛮人（至少是那些尚未被我们的烈酒摧毁的野蛮人），他们几乎没有任何疾病，除非受伤或是自然衰老。这样我们就不难发现，人类的疾病史是随着文明社会的脚步一点点形成的。至少柏拉图持有这样的观点，他根据波达利尔（Podalyrus）和马卡翁（Podalyrus）在特洛伊城被围困时使用过或认可过的一些治疗方法来推断，这些药物所引发的疾病对当时的人来说非常陌生。

因此，处于自然状态的人很少得病，几乎不需要治疗，也不需要医师的帮助。从这一方面来说，人类并不比其他动物处境差。问问那些业余或者专业的猎人便可知，在他们游猎途中，经常会遇见生病或孱弱的动物。他们曾见过许多受伤相当严重的动物，但它们的伤口也完全愈合或结痂了。有些动物惨遭骨折，甚至四肢几乎断裂，但是无须医生的救治或任何疗养方法，仅靠时间这副良药，它们也会逐渐康复起来，不必经受手术的折磨、药物的毒害，更不用承受节食的痛苦。

总而言之，无论药物治疗对处于社会中的我们多么有效，我们还是可以下这样的定论，野蛮人受伤的时候，即便他无依无靠，只能依靠自然，却也不必担忧其他的事。从这个角度来说，他们的处境比我们要好得多。

因此，我们不要把野蛮人同我们每天见面、交谈的人混淆起来。大自然会厚待自己照顾的动物，就像在证明自己对这些特权格外珍惜。

马、猫、公牛或者驴在自己的家园——森林中时体格强健，活力非凡，力量与勇气俱佳，而被人类圈养后，它们会失去一半优势，似乎我们的照料和喂养都会让它们退化。

于人类而言亦是如此。一个人若总是讨好别人，甚至沦为他人的奴隶，他就会变得软弱、胆小、心胸狭隘，他懦弱的生活方式会让自己的力量和勇气日渐消退。可以这样说，社会环境中的人和野蛮人，家养的动物和自然中的野兽有很大的区别。自然对待任何生物的方式都是相似的，但人会为自己创造种种便利条件，这就是人类退化得如此严重的原因。

原始人赤身裸体，居无定所，也没有那些我们认为的"必需品"，但这些对他们来说并不是什么大的困难，也不是他们生存的阻碍。他们并没有浓厚的毛发御寒，但倘若在温暖的地方生活，他们也并不需要这些，而若在寒冷的地方生活，他们会用猎来的动物的皮毛御寒。他们只能步行，但还能用双手保护自己，满足自己所需，或许他们需要很多时间和精力教会孩子行走，但妈妈却能轻松地抱起孩子。这是其他动物没有的优势，动物们在遇到危险时，只能抛下幼崽独自逃跑，或者停下脚步等待孩子。简而言之，除了那些偶然的、不寻常的情况（这种情况可能不存在），我们可以认为：第一个为自己制作衣服、建起小屋的人，实属画蛇添足，因为没有这些东西时他也能生活得怡然自得。为什么他儿时可以过那样的生活，成年后就不能了呢？

孤独、无所事事，并且经常要面对危险的野蛮人，一定对睡觉情有独钟，并且像其他动物一样睡觉时依然保持警觉。动物也会思考，但只是偶尔为之，因为它们总是在睡觉，因而也无须思考。自我保护成了野蛮人唯一关心的事，他们必须锻炼进攻和防卫的能力，以便制服猎物，而不是沦为猎物。他们的器官仍处于一种粗糙的状态，与精致毫无关联，只能以柔和的方式逐渐改善，并且此时他的感观分化十分严重：触觉和味觉极度迟钝，而视觉、听觉、嗅觉却极度敏感。这是动物的普遍状态，且据旅行家说，这也是多数野蛮人的生活状态。

我们听说，好望角上的霍顿托人用肉眼就能分辨出海上的船只，视力所及几乎等同于荷兰人用望远镜能分辨出的距离。美洲的野蛮人会用嗅觉精确地追踪西班牙人，就像最英勇的狗所能做到的那样。更别提那些野蛮人赤身裸体却不觉痛苦，在食物中加入大量的辣椒使其更有滋味，喝起欧洲最烈的酒就像喝水一样。看到这些，你都无须感到惊讶。

到目前为止，我所考虑的只是人的实际能力，接下来让我们试着从形而上学和道德的角度来进行研究和探讨。

一个受本能驱动，一个可以率性而为，因此，动物无法跳脱既定的规则，即便有时犯规会对自己有利，人类也总是打破常规，即使有时深受其害。因此，一个饥肠辘辘的鸽子可能会饿死在一盘鲜肉旁边，猫也可能饿死在一大堆水果和玉米旁。假如它们勇于尝试，这些它们蔑视的食物就能支撑它们活下去。就是这样，人类陷入了纵欲的漩涡，直至高烧不止，最后走向死亡。因为他们放任心性，放纵感官，即便自然的需要已经得到满足，意志却仍欲求不满。

所有的动物都有感官，因而他们也有自己的观点，有些甚至会将不同的观点组合达到某个高度，而高度的不同就显示出了人类与动物的区别。一些哲学家甚至提出，人和人之间的差别，比人和动物之间的差别更大。人类之所以能在动物中脱颖而出，并不是凭借他的理解力，而在于他是自由体这一特征。

自然界向所有动物发布指令，野兽均对她言听计从，而同样收到了指令的人类，却认识到了自己有拒绝的自由，这来自人类头脑中的自由意志，正因如此，其灵魂的精神性才得以彰显。尽管自然科学可以通过一些方式，对感觉机制和观念的形成做出解释，但意志的力量或选择的灵感，以及对这种力量的感知方面，除纯粹精神层面的动作再无其他，也无法用机械规律做出解释。

尽管在区分人类与动物这一命题上还存在种种问题，但人类还有一点明显的特征是毋庸置疑的——自我完善的能力。人类能够利用这种能力，在不同环境下加以展现并发展出其他的能力。这一特征不仅存在于人类群体中，还体现在每个人的身上。

野兽的人生会在几个月中被定型，即便经过上千年，这个种族也保持最初的模样。那么为何人类会变得羸弱呢？难道不是因为人类可能会回到原始状态吗？野兽一生中既无所得，也没有什么可失去，一直靠直觉活着，而人类或因衰老，或因事故，便可能失去他在自我完善过程中获得的技能，从而回到原始状态，相较于野兽，人类岂不是更处于劣势吗？

这是我们不得不遵循的必然规律，而这最为特殊的、近乎无限的能力也是人类不幸的源泉。正是这一能力，一点一点地让人类脱离原始状态，让他们在不知不觉中摆脱了无知，离开平静的生活；也正是这一能力，在漫长岁月里，为人类创造了产生错误、美德和恶行的温床，让人类成为掌控自己命运的、统治自然的暴君 [注 9]。奥里诺科河边的居民们会将木片绑在孩子的太阳穴上，以为这样就能让孩子们保持童贞，一直快乐下去。第一个提出这种想法的人，实在称不上乐善好施。

受制于自然的野蛮人只能服从于自己的本能。或许为了弥补他们能力上的不足，自然又赋予了他们其他的能力，这样一来，野蛮人的能力就远超本能的状态了。起初野蛮人的行为与动物相差无几 [注 10]，只会观察和感受。这时他们的精神只停留在愿意或不愿意、期待或恐惧的层面，直到新的环境带来了新的发展。

无论伦理学家怎样说，他们都必须承认：人类的智力很大程度上得益于他们的情感，反过来说，人类的情感也离不开智力的加持。在情感的宣泄中，我们的理性也得到了完善。我们渴望知识是因为我们渴望享受，假如一个人脱离了恐惧和渴望的情绪，那么他也不会大费周章地再去进行推理。情感来自我们的需求，而认知进一步促进了情感的发展。我们之所以会产生渴望或恐惧的情绪，是因为我们产生了"不能拥有"的想法，或只是出于一种简单的冲动，而未经知识洗礼的野蛮人，心里的欲望只剩最后一种——情欲，而且他的欲望绝不会超过身体的需求 [ 注 11 ]。他不知道什么是享乐，只知道食物、女人和休息是好东西；他不懂什么是妖魔鬼怪，只知道疼痛和饥饿会让自己痛苦。这里说的是疼痛，而不是死亡，因为动物并不知道什么是死亡，对死亡的恐惧的认知是人类脱离动物状态的第一种体现。

如果有必要，我可以信手拈来地引用事实来证明这种观点，并且证明人类思想的进步与需要息息相关。人类受到所处环境的熏陶，进而产生需求，为满足需求，欲望也应运而生。我会证明，艺术发展源于埃及，并随着尼罗河水的泛滥蔓延开来。我一路追溯着他们发展的脚步，来到希腊。我看到了他们在阿提卡荒芜的沙石中央萌芽、成长，最后势要冲破云霄，却未在欧罗达斯河畔肥沃的土地上扎根。我注意到，北方的居民受生活所迫一般比南方的居民更勤劳。似乎这是大自然有意为之，让北方的居民拥有聪明的头脑，却不能享有肥沃的土地，以示公平。

但除去这些不确定的历史佐证，谁又看不出似乎所有的一切都意在让野蛮人免受诱惑，或改变其现状呢？野蛮人的想象力有限，他在心里也不会有过多的疑问。他可以用双手满足自己微薄的需求，不懂得什么是贪得无厌，既没有远见也没有好奇心。他对自然的奇观早已习以为常，最后变得麻木。他认为大自然一直按照同一规律运作着、变化着，因此即便看到最为震撼的奇观也不为所动。人们从他身上看不到哲学的影子，除非他能够认真观察一次他习以为常的景象。没有什么来叨扰他的精神世界，也没有什么能让他感到震撼，他甚至不会为近在眼前的未来做出任何计划。所以他的"计划"最长不过一天。加勒比海沿岸生活的人现在依然只有这样的"远见"：他会在早上兴冲冲地去卖掉棉床，晚上又流着泪买回来，他根本没有预见到明天晚上还要用到棉床。

越是深入研究这一话题，我们越会发现感知与最简单的认知之间的差距，也无法想象人类是如何仅靠自己的能量，在既不借助沟通的辅助，也没有需求刺激的前提下，跨域了这样大的鸿沟。见到天火之后，人类又花费了多少年才再次见到火光？在人类掌握使用最普遍的元素之前，又发生了多少次意外？懂得生火的艺术之前，有多少次他们任由火苗熄灭？有多少像这样的秘密在被发现之前就石沉大海？再谈谈农业，这是一种集合劳动和远见的艺术，且这种艺术与其他艺术密不可分。

农业是一种显然只能在社会群体中才能实行的生产活动，没有成熟的农业，我们就无法从土地里获取食物，也不能顺利地让土地按我们的心愿发展。我们来设想一下：人类成倍激增，土地的产物已经无法满足他们的需求——这种假设也证明了这种生活方式对人类大有益处，然后在没有锻造和冶炼技术的情况下，农具从天而降落入野蛮人的手中，然后，这些人也克服了自己对务农的厌恶情绪，坚持做下去。他们学会预测自己在未来很久之后的需求。他们也掌握了开垦土地，播撒种子，植树造林的方法。他们还懂得了研磨小麦，以及酿造葡萄酒的艺术。但不善思考的他们也并不知道自己是如何学会这一切的，只是按照上帝的指示一步一步被推着走，而在辛勤劳作之后，他们的成果却被第一个入侵者——人类或野兽攫取，这叫人怎能不愤怒呢！如果人类知道辛苦劳作的产物并不能满足自己的需求，那么谁还愿意没日没夜地付出呢？换句话说，如果土地没有被合理分配，还处在自然的状态下，谁还会心甘情愿地回去耕种呢？

即便我们假设野蛮人也像受过哲学家的点拨一样精通思考的艺术，或者假设他们本身就是哲学家，他们会在热爱规律的基础上，或从众所周知的造物主的意愿出发，通过最抽象的辩论、正义的箴言和理智的判断，挖掘最崇高的真理。换言之，我们尽可能地将野蛮人设想得聪慧且开明（实际上他们呆板且愚蠢），那么从这些不会流通、形而上学，且成果会随创造者逝去而消亡的发现中，人类能获得什么益处呢？人类与其他动物聚居在森林中，又能取得什么进步呢？如果人们都居无定所，也不需要其他人的协助，有些人终其一生都不会再次相见，见面也不会对话，或者相互之间也毫不了解，那么人类之间又能相互促进和启发到什么程度呢？

让我们想想有多少观念萌发于语言的使用中，想想语法的练习在多么大的程度上促进了思维的发展，再想想语言的创造耗费了多少时间和心血。结合所有的思考，我们能够发现：为开发人类思维能力，促进其顺利运行，人类经历了多少艰辛，度过了多么漫长的岁月啊！

现在我想停下来简单地讨论一下语言发明初期比较混乱的部分。对于这一问题，我将只引用或复述孔狄亚克神父（Abbe de Condillac）的研究，他的研究内容能够完全印证我的想法，也是启发我产生这种想法的源泉。

这位哲学家研究符号起源时遇到了一些困难，他在解决困难的过程中提出了一种假设：在语言发明者之间已经形成了某种社会关系。对此我持怀疑的态度。我认为我的任务是在引述他的研究的同时，也提出自己的想法，这样既能让我所言与我的主题相符，又能深入探讨他遇见的那些问题。首先，语言是如何成为必不可少的交流工具的呢？因为当时人们之间并不会进行交流，也没有必要进行交流，那么这种发明并不被人所需，在这种情况下，语言是可有可无的。

我同大多数人一样，认为语言是家庭中父亲、母亲、孩子们交流的成果，但这样的说法既没有解决问题，也会同大多数人一样犯同样的错误：将社会环境中的一些概念转移到自然状态中，认为从一开始一家人就生活在同一屋檐下，每个家庭成员都紧密地联系在一起，与文明社会中的状态一样，家庭成员围绕着共同利益形成了亲密无间、持久牢固的关系，而在原始社会，野蛮人居无定所，没有任何财产，每个人都四处流浪，很少在同一个地方留宿两夜。男性和女性的结合并非出于深思熟虑的考量，是在机缘巧合和欲望驱使下才结合到了一起，他们并不需要语言来向对方表达自己的想法，而且他们也能毫无心理负担地分开 [ 注 12]。母亲最初哺育孩子的时候，完全是出于自身需求。在长时间的相处过程中，陪伴和习惯让母亲对孩子产生了疼爱的情感，但孩子们掌握了觅食能力后，便会毫不犹豫地离开母亲。在当时，母亲若想与孩子相守，唯一的方法就是保持对方在自己视线范围内，而一旦分开，他们就会忘记对方的模样，即使再次相遇，也会形同陌路。

　　我还观察到，孩子们有强烈的表达欲望，而且与母亲想对孩子说的话相比，孩子们想表达的内容更多，所以他们是语言发明的主力，而且每个孩子的语言都比较个性化。这种语言会伴随着他们颠沛流离的生活变得更加分散，这就使得任何一种语言都无法长久存在。如果说母亲会口授给孩子那些孩子在提问时需要的词语，那么这就很好地解释了为什么人们能够教授已经形成的语言，却无法展示语言最初是如何形成的这一问题。

　　假设第一个问题已经被解决，暂且不提纯粹自然状态与语言成为必需品之间的鸿沟，让我们在语言已经成为必需品 [ 注 13] 的基础上，探讨语言的形成过程。

　　我们会发现新的问题比上一个问题更加棘手。如果人类需要语言来学会思考，那么他们更需要懂得思考的艺术来创造语言。即便我们可以设想用声音来表达我们的思想，我们仍需探讨，最初不借助任何表达工具，也不能通过手势和声音，那么人们应该以何种方式表达想法呢？

如此一来，我们几乎没有任何合理的推测可以解释思想交流和精神交流的艺术的出处了。这种伟大的艺术距离其源头已经太过久远。哲学家们对其完善度的了解仍然非常浅薄，至今没有任何一个哲学家能够大胆断言它能够到达完善的极致。尽管漫长岁月中发生的变革都在支持着语言的发展，尽管学者们能抛开成见，或至少保持沉默，尽管这些社会群体数年来仍在不遗余力地研究这一课题，但仍然无人敢下定论。

人类的第一语言，就是自然的呼唤。简言之，这是在说服其他群居人类之前，人类需要的最为普遍、最有力量的唯一的语言。这是一种在紧急情况下的本能反应，是在面对危险时渴望别人的帮助，或是在痛苦纾解之后的呼唤，而在平淡的日常生活中，人们心态平和的时候却几乎毫无用处。

在人们丰富了自己的思维，开始拓展思路之后，一种更亲密的沟通方式应运而生，人类慢慢地设计出更多符号，想出了更广泛的表达方式：他们加强了声音的抑扬顿挫，增添了对肢体语言的运用，这样一来表现力就更强了，也不太需要预先设定其含义。如此，他们通过手势表达了可以看见和可以移动的物体，并用模拟的声音来表示那些听得见的东西。但手势只能表达眼前的东西、那些容易形容或可见的动作，因此手势并不能被普遍使用，一旦天色黑暗或中间有不透明物体的遮挡就会让手势毫无用处，而且手势的运用还需要引起对方的注意。最终，人们考虑用发声的方式代替肢体表达，为了使发明的声音符号能够准确表达我们的想法，每一个目标都有对应的声音。但这一切必须建立在普遍共识的基础上，那么练习发声对于平时疏于锻炼，器官还处于粗糙阶段的野蛮人来说有着相当的难度，而这种替代本身就存在困难，因为它需要在群体中达成共识，那么就需要表达这一目的，因此使一门语言得以使用，语言本身也非常重要。

　　相较于语言成型之后，起初为人类所使用的单词，在人类心中一定有更广泛的含义，因为以他们当时的认知水平还无法拆分句子结构。他们会用每一个单词表达整个句子的意思。后来他们开始认识到主语和定语、动词和名词之间的区别，这对绝非天才的野蛮人来说一定花费了非凡的精力。最初名词只包括专有名词，不定式是动词的唯一时态，而表达和形成形容词的过程一定非常艰辛，因为每个形容词都很抽象，而抽象概括是一种异乎寻常的、耗费心血的操作。

　　每个物体必须有个独特的名字，而最初的语言发明者并没有对其属性和种类进行区分。如果他们将一棵树命名为橡树 A，就会将另一棵命名为橡树 B。因为他们的认知有限，所以他们的字典中词汇一定非常杂乱。让这些杂乱的命名法脱胎换骨绝非易事，为把事物分门别类，首先必须要了解这一事物的属性和不同事物之间的区别，而且需要大量的观察和定义总结，那么就是说要拥有超越当时时代的关于形而上学和自然史的知识。

此外，一般的概念只有通过词汇的辅助才能传到我们的大脑中，而词汇必须形成句子才能让人理解其含义。这就是为什么动物不能形成这样的思想，也不能通过这样的概念精进其完善能力。

一个猴子会毫不犹豫地扔下一颗坚果去捡另一颗，我们是不是可以说它有对这种果实的一般概念，或者它能够根据原型改变对这两颗坚果进行比较呢？不，当然不是。但当它看到一颗坚果时，对另一颗坚果的感觉会立刻涌上心头，然后它会在心中以某种方式对所见进行改良，并将这种感觉传达到味觉。所以一般概念都是精神层面的，一旦掺杂了想象力，一般概念立即就会变得更加具体。

试着想想一棵树的模样，你会发现你根本无法完成：无论你多么努力地去寻找每棵树的规律，在脑海中描绘的这棵树是大还是小，枝叶稀疏还是繁茂，色彩艳丽还是黯淡，这棵树都不像任何一棵树。纯粹抽象的事物也是这样，只能借助语言进行表达。

三角形的定义可以让你在心中形成一个三角形的形象：当你脑海中想象出一个三角形时，如果你想表达出这个三角形与其他三角形都不同，你就不可避免地要描述这个三角形的线条和大小，因此你必须使用句子进行表达。所以为了形成一般概念，我们需要开口说话。因为在想象力停止的瞬间，思想只能借助语言表达出来。如果第一批发明者只给他们掌握了其概念的对象命名，那么第一批名词只能是专有名词。

而当语法学家用我想象不到的方式拓展思路，扩充词汇时，创立者的无知一定会限制这种方法的运行。他们最初因为缺乏对属性和种类的了解，所以为了进行区分而创造了过多的个体名称，但是划分的属性和种类又太少。如果要细化分类，他们必须学习更多知识和经验，要费尽心思做更多研究。

截至目前，我们每天仍在发现之前从未注意过的新物种，那么那些仅靠第一印象判断事物的人们会忽视多少物种啊！更不必说那些最基本的分类和最普遍的概念了。比如，他们理解"物质""精神""本质""方式""形象""动作"这些单词的含义吗？即便是长久以来经常使用这些词汇的哲学家们也不能完全理解，这些单词上附加的概念都是纯粹形而上学的，在自然中并不能找到其原型。

我想就此止步，请求各位裁判先放下手中的书卷，从语言创造最简单的地方——物质名词的创造出发，考虑一下语言的发展之路，去想一个能够让人类表达所有情感，且能够在社会中顺利运行的方式。我诚挚地恳求你们考虑一下，去寻找数字、抽象名词 [ 注 14]、不定

过去时 ① 和动词的其他时态、词缀、句法和连接不同分
句的方法，以及组成文章的逻辑。

于我而言，我怕每前进一步，困难就会成倍增多，
而且我坚信语言的产生和建立并非完全由人类决定，所
以我想把探讨这个难题的任务交给愿意迎接挑战的人。
由他去思考：是成熟的社会必须要发明语言，还是成熟
的语言体系必然会促成社会的形成？

语言与社会的起源都十分神秘莫测，但我们可以看
出自然并没有因人类相互间的需求而将人类聚在一起，
也并没有为人类简化语言；自然没有让人类更具社会属
性，也没有费尽心思地帮助人类成长。

事实上，在原始社会，一个人需要他人帮助的情
况是微乎其微的，就像一只猴子或一匹狼需要同种族的

① 译注：不定过去是用在某些印欧语言如古希腊语中的
动词时态，用来指示行动，或在直陈语气中的过去行动，而不
带有进一步蕴含。

动物的帮助一样。假设他需要帮助，那么另一个人为何愿意帮助他呢？就算需要帮助的人成功获得了他人的救助，那么他们之间需要达成怎样的共识呢？

当今学者不停地传达着这样的观念：处于这一状态中的人类处境最为悲惨。如果这个说法成立，正如我证明了的那样，人类一定历经了漫长的艰苦岁月才拥有了摆脱那样处境的欲望和机会，而他们的主张不过是在控诉自然，而不是控诉大自然造就了人类。但是，随着深入理解"痛苦"这一词汇，我明白了这个词要么没有意义，要么什么也不表示，它只是在描述疼痛的空虚感，或只是一个形容肉体或灵魂默默承受的状态的词汇，而现在我很想知道一个内心平静、身体健康的自由人会承受哪种痛苦呢？文明生活或自然生活，哪一种更让人觉得难以忍受呢？在文明社会中，满口怨言的人比比皆是，许多人甚至放弃一切，就连神灵的力量和法律的约束都无法结束这种骚乱。

　　我想知道是否自由的野蛮人也曾抱怨生活，想要放弃生命呢？让我们放下骄傲，评判一下哪种人更加痛苦吧。我认为没有比被知识弄得头晕目眩，被欲望折磨得疲惫不堪，为寻找另一种状态而绞尽脑汁的社会人更加悲惨的了。

　　这也可以说是一种极为明智的神祇：野蛮人的潜能只能在实际锻炼过程中得以挖掘，一方面是为了防止这些能力被过早发现，反而变成多余的负担；另一方面又防止了太晚发现而变得无用。野蛮人依靠本能获得了在自然环境中生存所需要的能力，但只有理性得到发展，他们才能拥有在社会环境中生存的资本。

　　似乎起初处于这一状态中的人类之间并不存在某种道德关系，也没有对彼此的责任，也无从区分好坏、罪恶或崇高，除非我们从生理层面解读这些词，将那些对个体有害的行为称为"罪恶"，对个体有益的行为称为"崇高"。如此一来，我们应当将那些最能顺从于大自然的人称为最崇高的人。

但如果不偏离这些词汇的普遍含义，我们应该停止对这种情况的判断，放下偏见，用最为公正的方式，判断文明社会中的人是更加高尚还是更加罪恶。在理解了自己的责任和义务后，他们理解程度的完善是否能弥补对彼此造成的伤害呢？或者是否当他们不再担心别人会来伤害自己，也对别人无所求，处于一种普遍依附的，被迫承担义务的，却不期待有任何回报的状态中时，他们是更快乐的呢？

让我想想那个叫霍布斯的人，他持"性本恶"的观点。他认为一个人之所以为人恶毒，因为他不知道何为美德；他拒绝帮助同类，因为他认为这不是他的义务；他认为自己有占有一切的权利，狂妄地以为自己是整个宇宙的主人。霍布斯清楚地看见了自然状态下对权力的定义的弊端，但从他自己的定义中可以看出，他的理解也存在缺陷。

依照霍布斯的理论，本应该得出这样的结论，自然状态下的人类应该以自我保护为中心，不应侵犯他人的利益，这是一种适合人类维持和平的最佳方式，而他却得出了极不明智的结论，他将无数种情欲掺杂到了单纯以自我保护为中心的野蛮人的思想世界里。这些情欲本该存在于社会环境中，也是这些情欲的出现使法律显得至关重要。

霍布斯认为，恶人就是强壮的婴儿。但这并不能证明野蛮人是一个"强壮的儿童"，即便我们承认这一点，那么这位哲学家能从中得出什么结论呢？假如这个人强壮的时候也像虚弱的时候一样，要依靠别人的帮助，那么他一定无恶不作。如果他的母亲喂奶迟了，他可能就会攻击自己的母亲；如果他的弟弟不小心撞到他，或冒犯到他，那么他就可能对其拳脚相加，甚至会把弟弟掐死而毫无悔过之心。但在自然状态下，一个人既强壮又喜欢依赖别人，这本身就是一个悖论。人类在依赖别人的时候是脆弱的，在变得成熟前是自立的，而霍布斯并没有考虑到那些法学家所说的阻碍野蛮人理性思考的原因，正是他自己主张的阻止野蛮人滥用自己能力的原因。因此我们可以说，野蛮人并不"恶"，只是他们不懂得什么是"善"，而阻止他们"作恶"的，既不是认知的发展，也不是法律的约束，而是他们对欲望的压制和对邪恶的无知："这些人因为对恶的无知而得到的好处比那些人对善的感知所得到的坏处要大些"。

霍布斯还忽略了另一个定律：就是在某些情况下，人类看到他人受苦时，会自然地产生一种厌恶情绪[注15]，从而会抑制自己追求财富的热情，这出自人类盲目冲动的利己主义和自我保护的欲望。

没有人会否认人类那唯一的自然美德，我想就连最激进的诽谤者也不会反驳这一点，这种自然美德就是同情心。这是一种适合我们这样弱小、易受伤害的生物的品质，也是一种普遍而有益的美德。它先于思考而存在，而且如此自然，就连野兽有时也会流露出这种情感，更别提母亲对孩子的疼爱，面对危险时，她们总是舍出自己保护孩子。马儿们从不愿意踩踏活生生的肉体。没有一个动物能够从同种族生物的尸体旁走过而毫不动容。甚至有些会埋葬死去的同伴，进行哀悼。牲畜迈入屠宰场时总会发出令人叹惋的哀嚎，向世人诉说着自己正在经历的苦难。

我们能欣慰地看到，《蜜蜂的寓言》的作者终于以他冷酷、内敛的笔触刻画出了人类的同情心和敏感之处。他向我们展现了一个富有同情心的男人的形象。故事中，这个男人的双手被绑了起来，被迫眼睁睁地看着一头野兽残忍地将一个孩子从母亲的怀中夺走，然后用锋利的牙齿咬碎了孩子柔软的四肢，最后用爪子掏出了这个无辜受害者的内脏的画面。如此骇人的景象，任谁能够冷眼旁观，无动于衷呢？难以想象他只能眼睁睁地看着孩子夭折，母亲已然晕厥，他心里经历了怎样的折磨！

　　这就是先于一切思考之前的最纯粹的自然情感。这就是自然的同情心的力量，是任何放纵的行为都无法湮灭的情感。每天我们都能在剧院看到一些人对剧中人的遭遇感同身受，泣涕涟涟，而这些人一旦成为君王，便会无所不用其极地折磨他们的敌人。

　　曼德维尔（Mandeville）明智地指出即便人类有各种美德，但是如果没有同情心的加持，人类也不过是野兽，但他没有意识到，他所否定的人类的所有社会美德都是从同情心中衍生出来的。事实上如果没有对弱者、罪人或普罗大众的同情心，人类社会中还存在什么慷慨、仁慈和人性呢？

　　如果我们判断正确的话，所谓仁慈和友情，也不过是对特定的对象产生的持久的同情之感。不希望一个人受苦，不就是希望他快乐吗？如果同情只不过是我们对他人经受的苦难感同身受的一种情绪，那么它除了能够证明我之前所说的真相，还有什么影响吗？这种情感在野蛮人中隐秘而又活跃，而在发达的人类社会里却是停滞的。

　　事实上，如果旁观的动物能做到与受苦的动物感同身受，那么同情的力量会更大。很显然在自然状态下这种情感比在理性环境中要强烈得多。

　　理性产生了利己主义，而思考让它更加强大。如此，理性让人类缩回了自己的世界里，同时也让他们远离困苦与束缚。

　　而哲学有能打破这一切的力量。

　　理性创造出的"利己"见到遭受苦难的人，低声说道："即便你们死了也与我无关，只要我不受伤就好。"正是这样邪恶的力量威胁了整个人类社会的安全，而只有这样的危险才能唤醒沉睡的哲学家，迫使他清醒过来。

　　人类能堂而皇之，杀人于青天白日之下，而杀人者只是用手捂住耳朵，简单辩解几句，以免被迫与受害者感同身受。野蛮人却缺少这种"令人钦佩"的才能。缺乏智慧和理性的他们，总是傻傻地迎合人性的第一声呼唤。当街头发生暴乱或打架斗殴的时候，民众会聚在一起看热闹，精明的人总会悄悄溜走，只有贱民或妇女这样的下等人才会拉开打架的人，阻止那些所谓的体面人互相残杀。

因此可以确定同情是一种自然的情感，它能通过克制个体的"利己"进而促进整个物种的相互保护。

正是同情心让我们不假思索地帮助遭受苦难的人。在自然状态下，是同情心代表了法律、礼节和美德，正因如此，没有任何人会对它甜美温柔的声音置之不理。是同情心，让遭受苦难的野蛮人，但凡有其他获得食物的方法，就不会去伤害脆弱的孩子和衰弱的老人。崇高而正义的准则是"己所不欲，勿施于人"，而同情心号召大家遵循另一条以"人性本善"为中心的准则，"在尽量不损害他人利益的前提下，追求自己的幸福"。这个准则可能不尽完美，却非常实用。

　　总而言之，我们的任务是要找到人们即使未受到教化也不作恶的原因，与其要依赖于精妙的推论，不如用自然情感做出解释。虽然苏格拉底和他的追随者确实是通过辩论得出对美德的判断的，但如果人类的自我保护仅靠人类的推理，那么人类可能早就不复存在了。

　　彼时野蛮人并没有蓬勃的欲望，加上同情心这样有益的约束。与其说人类是邪恶的，倒不如说他们是野性的。他们更加关注让自己脱离险境，进行自我保护的方法，并没有试图把痛苦转移到别人身上。因为他们彼此不来往，当然对虚荣、尊敬、自尊、轻蔑这些情感都非常陌生。在他们的脑海中没有你我之分，也没有正义这一概念。他们认为暴力是一种可以弥补的伤害，并不是一种应被惩罚的恶行。他们也并没有复仇这一概念，只是偶尔会有一些下意识或无预谋的举动，就像朝要咬他的狗扔石头一样。只要没有涉及生存问题的争端，他们通常不会以命相搏（而还有另一个危险的话题，后文将会提及）。

在所有触动人心的欲望中，有一种尤为炽热，让人难以自持，那就是情欲。它让异性成为人类生活中必不可少的要素。这种可怕的欲望会让人蔑视所有的危险，不顾任何阻碍。它无休止地蔓延着，仿佛誓要摧毁它本该守护的人类。这些深陷肆虐着纵欲和激情的漩涡中的人们，不懂得自持，不知羞耻，每日为了争夺配偶，满足欲望争论不休，那么他们的未来会是怎样呢？

首先，我们必须承认，激情越是强烈，就越要用法律加以约束。但是，这些激情每天都在我们的生活中引发混乱、导致犯罪，这一切足以反映出法律在这方面无能为力。所以，我们最好再回头审视一下，看看这些法律制度是不是与诸多罪恶相生相伴。因为在这种情况下，尽管法律足以压制这些罪恶，但也只不过是阻止法律本身所引发的种种恶果而已，这是我们最不想看到的结果。

我们首先区分一下爱情这种情感里的精神层面和生理层面。肉欲之爱是促使两性结合的普遍欲望，而精神之爱支配着这种欲望，将这种欲望固着在某个特定的个体上，并排斥所有其他的个体，或者至少倾注更大的精力来满足偏爱的对象。我们很容易看出，精神之爱是一种人为的情感，这种情感由社会催生，为女人所精心设计，并被大力颂扬，其目的是为了建立她们自己的帝国，为了去控制她们本应服从的男人。

这种感情建立在某些美德观念之上，野蛮人并不具备这些观念，这种情感的基础是相互比较，而野蛮人还是无法做到。因为野蛮人的头脑尚未形成诸如规则和比例这类抽象观念，因此他的内心也感受不到敬仰和爱慕之情。我们甚至都没有觉察到，这些感情是由这些概念和思想而产生的。野蛮人只听任大自然支配他们的七情六欲，而从未品尝过获得的滋味。因此，对他来说，任何一个异性都能满足他的需求。

野蛮人完全局限于肉体上的爱欲，甚是快乐，却并不知道这些偏好会使人对肉体产生强烈的欲望，同时也会增加满足这种欲望的难度。因此，在自然状态下，男人受到这种激情的强烈冲击越来越少，当然，他们之间因此而引发的暴力纠纷肯定也会越来越少。想象力在你我之间造就了诸多芥蒂，却从未与野蛮人心意相通。这些野蛮人心平气和，静待自然的冲动，不假选择，沉浸其中，满心愉悦，毫无愠色。他们的欲望仅限于此。

显而易见，是社会让爱情本身和所有其他的激情更为狂热，而这种冲动的热情常常给人类造成致命的伤害。有人说野蛮人不断互相残杀，是为了满足他们的残暴，这一说法尤为荒谬，因为这一观点与经验截然相反。加勒比人是这个世界上迄今为止最接近自然状态的人，而他们的爱情却是最为和平，最不受嫉妒所累的，尽管他们生活的地区气候炎热，而这种气候似乎总能大大激发这类激情。

　　有些雄性动物会把我们家的家禽饲养场搞得一年四季都血迹斑斑，特别是春天，这些雄性会因为雌性动物而大打出手，在森林里嘶鸣不止。若要从这些雄性动物的角逐中得出结论，我们必须首先排除所有这些物种，因为自然为之设定的两性对比明显要异于自然为人类所设定的两性对比。因此，我们从雄鸡之战得出影响人类物种的推论。若能更好地观察其比例，我们会发现在某些物种中，这种争斗完全是由于雌性动物比雄性动物数量少，或者，在某段时间里，雌性动物总是拒绝雄性动物接近。这和第一个原因实属相同。因为如果雌性动物在一年中只有两个月容许雄性动物接触，就等同于雌性的数量比现在少了六分之五，而这两种情况都不适用于人类，因为人类雌性的数量通常超过雄性，而且即使在野蛮人中，也从未发现雌性也会和其他动物一样有明确的发情期和排斥期。此外，在这些动物中，整个物种全体一起进入兴奋期，在接下来这短暂的兴奋期中一直处于迷乱、骚动、混乱、浴血争斗之中。人类无从知晓这种状态，因为人类的爱情从未有过周期性。因此，我们不能因为某些动物争夺雌性而陷入战斗，就得出结论认为人类在自然状态下的情况也是如此。这些竞争并没有毁灭其他物种，至少我们可以认为，尽管人类可能也会如此争执，但这不会对我们的物种造成致命伤害。这种争斗在自然状态下造成的破坏很可能要少于在社会中造成的破坏。尤其是在那些崇尚道德的国家，情人的嫉妒和丈夫的复仇每天都会导致决斗、谋杀甚至更为严重的罪行。在这些国家里，毕生忠贞的义务反而促进了通奸行为，关乎禁欲和贞操的法律必然会助长荒淫，导致更多堕胎行为。

我们得出这样的结论：野蛮人在森林里游荡，没有职业，没有语言，居无定所，不知道什么是战争，也不了解任何社会关系，对同类没有任何形式的需求，也没有任何伤害同类的欲望，也许甚至终其一生互不相识。他们很少有什么感情，自给自足，因此，在这种情况下，野蛮人没有知识，也没有感情，只能适应生活的环境，他只能感知到自己的真实需求，只留心看他想看的东西。他的理解力和虚荣心都没有什么进步。即使他碰巧有什么新发现，也不可能与人交流，因为他连自己的孩子都不认识。技艺随着发明者共同消亡，既没有教育，也没有发展。一代又一代人信马由缰地繁衍下来，每代人都从同一点出发，整整几个世纪都在最初的粗鲁和野蛮中延续。这个物种已然老去，而他的个体却仍然处于童年状态。

我之所以对这种原始条件的假设作了如此多的阐述，那是因为我有责任去根除那些由来已久的谬误和根深蒂固的偏见，要挖掘其根源，并真实地展现其自然状态。即使是自然的不平等，也远不像我们的作家认为的那么现实，那么有影响力。

事实上，我们可以很容易看出，人们认为，有些

区分人类的差异属于自然的差异，这一观点源于人们的
习惯，还有人们不同的社会生活方式。因此，体质的强
弱，以及体质导致的力量差异，往往是由一个人的成长
方式所定，而不是由他的原始体质而定。智力方面也一
样，教育不仅把有教养的人和没有受过教育的人区别开
来，而且还把有教养的人根据他们的文化加以区别。因
为如果让巨人和侏儒走上同一条路，巨人每走一步都会
比侏儒积攒更大的优势。现在，在文明国度中，不同阶
层的人在教育和生活方式上存在巨大差异，而动物和野
蛮人的生活普遍比较朴素单调。如果我们把两者相比
较，让所有的人都食用相同的食物，以同样的方式生
活，做完全相同的事情，那么我们可以很容易明白，人
与人之间的差别在自然状态下必定会比在社会状态下要
小很多，而每一种制度的不平等都会增加人类物种的自
然不平等。

尽管自然馈赠的天赋确实会受自然的偏好所影响，

但是，在人与人几乎没有任何联系的地方，得到自然偏爱的人们又能因此得到什么让其他人心生妒意的好处呢？在爱情缺席的地方，美貌又有什么用呢？对那些不说话的人而言，才智又有什么用处？那些无事可做的人，要手艺有何用呢？总是有人不断声张说强者会压迫弱者，但烦请他们解释一下"压迫"这个词的含义是什么。一个人用暴力统治，另一个人一直屈从于他的暴力，不断呻吟，这确实是我在我们中间所观察到的，但我不明白如何能用这些来描述野蛮人，更不知道如何把"支配"和"奴役"这两个词的含义强加于他们的头脑之中。一个人确实可以攫取另一个人采集的果实，抢走另一个人杀死的猎物，霸占另一个人所栖居的山洞，但是这个人怎么才能让另一个人屈从于他呢？在一无所有的人之间，会产生什么样的依赖关系呢？如果有人把我从一棵树上赶走，我只能另找一棵树；如果一个地方让我感到不安，又有什么能阻止我去别的地方住呢？但假如我遇到一个比我强得多的人，他那么邪恶，那么懒惰，那么野蛮，自己游手好闲，却强迫我供养着他，那这个人必须下定决心，一刻也不把眼睛从我身上移开，要在他能睡上一点觉之前把我绑起来，免得我杀了他，或趁他睡觉的时候跑掉，也就是说，他为了逃避辛苦，必须自愿承担更大的麻烦，比他给我带来的麻烦还要大得多。毕竟，他总有不那么警惕的时候，总有突然听到响声把头转过去的时候，那我早就跑到森林深处了，我挣脱了脚镣，他就再也见不到我了。

　　但是，我们不再纠结这些细节了，每个人都一定已经看到，人与人之间相互依赖，彼此之间相互需要，所以才会出现奴役的纽带，把他们束缚在一起。如果不先把一个人贬低到一个不能离开另一个人，必须要这个人的帮助，一个人就无法奴役另一个人。这种状态在自然状态下并不存在，每个人都是自己的主人，所以最强大的法律也全然无效。

　　我已经证明了人与人之间在自然状态下可能存在的不平等是几乎察觉不到的，而且这种不平等的影响也微乎其微。现在我必须着手说明一下这种不平等的起源，并追溯它在人类心智不断发展中的进展。我们已经证明，自然人所具有的完美主义、社会美德和其他能力永远无法自行发展起来，因此，需要有几个外来因素偶然并存，但这些外因可能不会出现，而如果没有这些外因，自然人一定会永远保持原始状态。我必须着手考虑各种各样的偶发事件，这些事件可能败坏了人类，但却完善了人类的理解能力，可能使人与人交往而使人邪恶，最终将遥远时代的人类和世界造就成我们现在所看到的样子。

　　我必须承认，由于我要描述的事件可能会以许多不同的方式发生，我只能基于猜测对这些事件做出选择，但当这些猜测是从事物本质出发而得出的最接近事实的推论时，当它们成为我们发现真理的唯一依据时，便成功转变成推理的基础。从我的理论中推断出的结果，将不仅仅是推测，因为根据我刚刚确立的原则，人类不可能形成其他的系统性理论，来为我提供同样的结果，并使我得出相同的结论。

这样一来，我便不用费尽心思地思考如何用时间间隔去弥补事件的真实性，也不用去思考微不足道的诱因，经过持续的发展也会产生惊人的力量。如果我们无法为某件事提供扎实的理论基础，那就无法推翻假设。我们也不必去讨论这样的问题：如果我们认为两个事实确实由一系列未知的或被认为未知中间事实联系在一起时，我们就要提供将它们实际联系到一起的事实。哲学的任务是，在历史无法提供中间事件的时候，它可以提供回答同一疑问的类似事件。当然，在事件方面，根据相似性划分出来的类别实在少得可怜。我只要把这些问题交给我的审判官去考虑就可以了，而我的任务是让广大读者不必费心去思考这些事情。

# 第二部分

　　某人将一块地圈起来，然后义正词严地说："这块地是我的。"若找到一群天真地对他的话信以为真的人作为拥护者，这个人便成了文明社会真正的创立者。但若这时有人拔去木桩，填平沟壑，然后向他的同伴大声疾呼："不要相信这个骗子，水果是属于我们所有人的，土地并不专属于任何人，如果你忘记了这点，那真是太糊涂了呀。"那么这个人会让人类免遭多少罪行、战争、杀戮、不幸和恐慌？但时过境迁，一切都无法恢复到原来的样子。因为这样的关于私有财产的观点并不是突然迸发的灵感，而是之前诞生的一个又一个观念积累起来的结果。在人类达到现在的最终状态之前，他们已经储

备了大量的知识，积累了雄厚的资产，并将这些知识和
财富代代相传，进而取得了巨大的进步。因此，我们要
寻根溯源，将这一系列循序渐进而成的事件和逐渐积累
的知识，按照最为自然的排列方式，融汇到一个观点
里面。

人类的第一个感知便是自己的存在，第一件忧虑的
事就是如何保护自己。大地提供了他所需的一切产物，
本能又驱使他物尽其用。多种欲望的交织使他能在不同
时期经历不同的生存方式，其中一种欲望能够让他绵延
子嗣，而这只是一种盲目的冲动，并没有掺杂任何纯粹
的爱或喜欢的情感，只会让他们产生一种动物行为。欲
望一旦被满足，两人便不再关注对方，甚至一旦孩子不
再需要母亲的帮助之后，也不会再与母亲有任何联系。

这就是人类最初的状况：受纯粹的感觉所支配，行
为举止如动物一般，没有向大自然索取的欲望，也几乎
不会利用大自然的馈赠。但是，随着各种困难接踵而

至，人类不得不学习去面对这些考验：树木太高，他无法摘到果子；同时又要与那些同样对果子虎视眈眈的动物展开竞争；一些凶猛的野兽甚至对他的生命产生了威胁。面对重重考验，他必须开始锻炼，强健体魄。他必须要变得更加灵敏矫捷，并能够在搏斗中所向披靡。因此他们拿起大自然中的武器——石头和树枝，作为称手的兵器。他们学会了如何克服自然界中的重重阻碍，必要时会与其他动物抗争，甚至为了生存与其他人类展开斗争，或者在他面对强者做出让步之后，又为自己找回相应的补偿。

随着人口数量的逐渐增长，人类的痛苦也与日俱增。土壤不同、天气变幻、季节更替迫使人类开始审视生活方式的差异。收成不好的年份、漫长而严酷的冬天、能将所有果实烤干的炙热难耐的夏日，催促着人类学习新的技能。居住在海边或河边的人类发明了鱼线和鱼钩，成为渔民，以捕鱼为生；住在森林里的人制作了弓和箭，成为猎人和战士；寒冷国度里的人们剥下猎杀的动物的皮，裹在身上御寒；雷电、山火在机缘巧合下让他们认识了火，因而掌握了御寒的新方法。他们找到保存火的方法，并学会了生火，最后学会了用火烹饪那些他们之前只会生着吃的动物肉。

人与同类或动物之间循环往复的交往，在人类的心中自然地形成了对某种关系的感知。我们可以用大或小、强或弱、快或慢、恐惧或大胆，这样的词汇对这种关系加以形容。在对这些关系进行比较时，人类往往是不假思索的，但这最终会引起人类的某种思考，或者下意识的谨慎，使他找到保护自己的最有效的预防措施。

人类在发展过程中获得的新智慧，能够使其感受到自身的优越性，进而在面对其他动物时陡生优越感。人类为捕获动物布下陷阱罗网，用各种阴谋诡计将动物玩弄于股掌之中。尽管有些动物在力量和灵敏度上胜于人类，但人类终究成为那些能够为自己所用的动物的主人，也成为那些可能对人类造成伤害的动物的灾难。如此，人类在第一次审视自己时，便产生了骄傲的情绪。彼时，在还不知道其与动物之间的区别时，人类就已经认为自己的种族比动物整体上更高一等，且认为自己在同种族中更是佼佼者了。

尽管当时人类之间的关系与现在大不相同，人类之间的关系还不如与动物之间的关系亲密，但他们绝不会忽视其他同类的存在。渐渐的，有人发现了同类之间，或自己与雌性配偶之间存在共性，这使得他有了新的认知。他发现在相似情境下，大家会有同样的举动，因为他会得出这样的结论：其他人的思维方式与自己的相一致。一旦这个重要的真相深深地烙印在他脑海中，他便产生了一种预感，为了自己的安全和利益，他应该观察别人是怎样做的。这种预感与逻辑推理一样可靠，而且速度更快。

经验告诉人类：对幸福的热爱是所有人类行为的

唯一动力。由此人类分辨出了以下几种情况：第一种是
为追求共同利益，这样人类就需要同伴的协助，这种情
况比较少见；还有一种情况是大家为了争夺利益展开竞
争，对彼此毫无信任，这种情况更加少见。在第一种情
况下，追求相同利益的人类会聚集在一起，或者以一种
自愿的方式组合起来，成员之间无须对彼此负责，而一
旦共同需求消失，这种关系也不复存在。在第二种情况
下，每个人都在谋求自身利益，人类要么发现自己足够
强大，可以光明正大地使用暴力，要么觉得自己太过弱
小，只能通过巧言令色等生存技巧在人群中占据一席
之地。

　　如此，人们在不知不觉中掌握了一些对互帮互助的
义务或履行这些义务的初步概念，但只有在为满足当前
利益需要时，他们才会产生这种概念。因为他们毫无远
见，别说为长远的未来考虑，他们甚至不会计划第二天
的事。在计划捕捉一头鹿的时候，每个人都明白：若想

成功，每个人必须尽忠职守，各司其职。但如果一只野兔意外跌入一个人的陷阱中，那么这个人一定毫无顾忌地见好就收，至于同伴们是否空手而归，他决不在意。

我们不难想象，行为举止都类似的人类所使用的语言并不比乌鸦和猴子交流用的语言复杂多少。在很久以前，人类的通用语言一定是由很多含糊不清的感叹词和肢体动作组合而成的，而后，不同区域的人在此基础上又添加了一些清晰的、常见的声音。关于这些声音，正如我先前提到的，解释起来有一定难度。如此一来，在不同区域就出现了独特的语言，但仍然很粗糙，不够完善，如今在很多原始村落仍能发现这种语言。

斗转星移间，时光疾速流逝，而我想说的事又那么繁杂，事物发展的初期又有很多不为人知的过程，我的笔尖就像一支箭笔直地飞过无数个时代。事物交替的过程越慢，我用来描述它的语言就越是简短。

最终，那些起初微不足道的进步为人类更高层次的发展奠定了基础。人类思想愈发开明，技术也愈发完善。人类不再随意在树下休息，或随意选择一个洞穴当作避风港，他们开始利用起类似铁锹或斧子的坚硬、锋利的石头开始挖地，砍树，用树枝建造小屋，然后将黏土或泥土黏在小屋墙上。这就是新纪元的第一场变革，自此，家族单位开始形成，不同家庭间的区别也开始显现，某种形式的私有制也逐渐形成，与此同时，无数的争吵和战争也接踵而至。最初为自己建造小屋的是人群中的强者，他们知道如何进行自我保护，而弱者认为模仿强者来得更快，也更安全，根本不会想到将强者驱逐出去。那些已经拥有住所的人并没有兴趣去抢夺邻居的房子，这并不是因为他们知道这些房子不属于自己，而是认为夺来也无用。况且如果他们想将其占为己有，他们就必须与之前的所有者进行一场鏖战。

受新环境的影响，人类的心灵也迎来了初次发展，丈夫和妻子，父母和孩子开始在同一屋檐下生活。共同生活的习惯也让人类初次体会到了最甜蜜的情感，夫妻之间的爱和父母同子女之间的爱。每个家庭都变成了一个小社会，而将家庭成员联系到一起的只有对彼此的依恋，且完全出于自愿，所以家庭成员之间的关系尤为牢固。也是从这个时候开始，两性从先前的生活方式相同，开始转向不同。女人们开始习惯于居家，通常都在家照顾孩子，而男人会外出为解决整个家的生存问题奔波。与此同时，两性被安逸的生活逐渐磨平了棱角，不再像以前一样凶猛、强壮。在每个个体都逐渐失去了与野兽对抗的能力的情况下，大家更容易团结起来，共同对抗敌人。

在这种全新的状态下，人们过着简单而又孤独的生活。他们对生活的要求有限，又发明了各种祖先们从未见过的器具为自己提供便利，让自己更加轻松。这就是人类为自己加上的第一道枷锁，也是为后辈留下的痛苦的第一个源头，因为这样的生活方式会让人类的身体和心灵变弱。随着时间推移，这样的便利也不再是取悦人类的存在，反而成为真正的需求，一旦失去会比未曾拥有过更加痛苦。拥有它们不再是幸事，而失去它们则成为不幸。

自此我们可以看到语言是怎样在每个家庭中传播并得到改善的，我们还可以进一步推测出导致语言传播，促进语言发展，并快速让语言成为生活中的必需品的原动力。大洪水和地震接连袭来，一些人类聚居的地方被水和悬崖峭壁包围，地球板块的运动将地表分割开来，划分出了一些岛屿。很明显那些被迫聚集、生活在一起的人们，比那些在陆地上的森林中自由穿行的人们更容易形成一种共通的方言。有一种可能是：岛上生活的居民在初次尝试航行后，为我们带来了语言的使用方法，也极有可能当时岛屿上已经形成了某种社会，并开始使用语言，而陆地上的人们对这两种东西还一无所知。

于是，所有事物都开始改头换面。在此之前习惯于在森林中游荡的人类，开始选择一种更加稳定的生活。他们渐渐聚集到一起，联合成几个不同的部落，最后在不同区域形成了一个个独特的民族，依靠个性和礼仪团结起来。贯穿于他们生活中的并非法律或法规，而是统一的生活方式、类似的饮食结构和同样的气候影响。一种稳定的邻里关系使不同家庭之间自然地形成了某种联系。男性和女性年轻人相邻而居，自然地产生了一些短暂的关系，而后频繁的交往让这种关系愈发稳固。人类开始对不同的对象进行比较，不知不觉间，他们拥有了对能力和审美的概念，继而产生了偏爱的感觉。他们习惯于频繁见面，如果不能时常相见内心就会痛苦不已。柔软和亲切悄悄潜入他们的灵魂中，而只要察觉出一丝敌意他们就会勃然大怒。爱让他们产生了嫉妒的情绪，一旦有不和谐的声音，即便是最温柔的感情也会引起人类之间的血腥杀戮。

随着观念和情感的萌发，人类的头脑和心灵不断发展着，他们摆脱了原始的野性，彼此的交往更加密切且广泛。他们开始时常围着大树唱歌跳舞——这种爱和安逸的产物，不仅成为悠闲自得的、聚居在一起的男人、女人们的娱乐项目，更是他们的一种生活方式。每个人都开始观察其他人，并也希望别人来关注自己。赢得公众的尊重非常有价值，那么最善于唱歌或跳舞、最英俊、最强壮、最灵巧或口才最好的那个人便成为最受尊重的对象。这就是迈向不平等的第一步，也是恶行的源头。这些最初的偏爱一方面产生了虚荣心和偏见，另一方面引发了嫉妒和羞耻感。这些新要素不断发酵，最终产生的混合物成为"幸福"和"天真"的天敌。

很快，男人们开始关注彼此，并知道了"尊严"为何物，且人人趋之若鹜，任何人都不会选择拒绝它。最初的礼仪和义务由此产生，甚至在野蛮人中也能发现这两种要素。任何故意的伤害都变成了一种侮辱，除去伤害产生的损失，受侵害的人会觉得这是对自己人格的侮辱，进而更加觉得难以容忍。因此，每一个人都会为了维护自己的尊严惩罚侮辱他的人，复仇行动开始变得非常可怕，人类也变得更加凶残冷酷。

这正是我们所了解的原始部落的发展程度。然而由于缺乏足够的区分观念，也没有注意到这些人与最初的自然状态已经相距甚远，所以许多学者草率地得出结论：人天生就是残忍的，需要重新建立一个正规的管理制度对其进行管制，而事实上，没有人比原始状态的人更温和的了，自然将他同野兽的愚蠢和文明社会的人的邪恶隔绝开来。他们的理性程度有限，且受本能的限制，只会关心眼前的威胁。他们还保留着天生的同情心，不愿去伤害别人，即便受到伤害，也不会想去报复别人。正如智者洛克曾说过的：没有私有制就没有不平等。

但我们一定要注意，社会一经形成，人类之间建立起了某种关系，那么人们就需要一些与原始状态中不同的品质。道德感悄悄融入人们的行为举止中，在颁布法律前，每个人都是自己所受伤害的唯一裁判者和复仇者，适应于自然状态的善良已经不适用于初具雏形的社会了。随着侵害事件逐渐增多，对侵犯所应实施的惩罚力度也应随之加强，当时对复仇的恐惧起到了相当于法律的约束作用。尽管人类的耐力已经不较以往，天生的同情心也有了一些变化，但这个时候人类能力的发展阶段正处于原始状态的散漫和自尊心泛滥的中间时期，这应该是最幸福且最持久的阶段。对于这一点，我们越是思考，就越会发现，这是对人类来说最为有益、最不容易发生变化的阶段 [ 注 16]，如果不是什么毁灭性的事故，任何事情都不能让人类脱离这种状态。当然，为了公众考虑，这种事情最好永远都不会发生。许多现存的野蛮人曾处于这种状态中，这似乎验证了人类自从降生开始就应当处于这一阶段这一事实。这种状态才是世界年轻时的面貌，而之后的发展看似是一种个体的完善，实则加速了物种的衰败。

在人类依然对他们粗糙的小屋感到满意，愿意用木刺和鱼骨将兽皮缝起来当作衣服，甘愿将羽毛和贝壳当作装饰品，在身体上描绘不同色彩，完善、装饰他们的弓箭，用锋利的石头制作渔船或原始的乐器的时候，总而言之，就是在他们能够独立劳作，并熟练掌握无须他人协助的技艺的时候，他们一直过着自然赋予他们的自由、健康、坦荡且快乐的生活，并且能同其他人保持无拘无束且愉快的交流。

然而从一个人需要他人的援助，或从一个人知道了占有两人份补给的好处那一刻起，所有的平等就此坍塌，私有制随即兴起。劳动变得必不可少，无边无际的森林成为人们挥洒汗水的蓬勃田园，自此，奴隶制和痛苦开始萌芽，并随着地里的果实一同成长。

冶金术和农业这两种艺术，是这场伟大革命发生发展的始作俑者。在诗人眼里，是黄金白银教化了人类，又让人类走向毁灭，而哲学家却认为钢铁和玉米才是罪恶的源头。因为美洲的野蛮人对冶铁和农业都一窍不通，所以他们才一直保持着原始状态，而其他的一些民族因为只运用了其中一种艺术，所以仍然处于未开化的状态中。与其他各洲相比，欧洲的开化时间较早，程度也更高，这是因为欧洲不仅产铁量大，玉米也极其优质。

很难解释人类是如何了解铁的一切知识并掌握冶铁的技术的，难以想象人类在无法预知结果的情况下，是怎样突发奇想开始开采矿石，然后加以熔炼的。我们无法将这一切归结为意外的火灾引发的结果，因为矿石往往分布在干燥且荒芜的地方，这种地方几乎没有树木植物。这一切看起来像是自然有意而为之，为的就是不让我们知道这一后患无穷的秘密。

那么只可能是因为在一些出人意料的情况下，火山喷发出一些金属融合物，这一奇观让人类有了进行模仿的动机。即便如此，我们还要假设人类有非凡的勇气和惊人的远见，愿意去尝试做这样一个艰苦的工作，而且能够准确预见从中能获得的好处。能够有这些品质的人一定智力非凡，而当时的人类的智力还未能达到这样的水平。

至于农业，在动手实践之前，人类就早已深谙其规律。一直以树木上的果实、植物为食的人类，不可能对自然界滋养植物的道理全然不知。但即便人类知道了这一道理，他们在很久之后才开始实践，也许是因为他们居住区域周围的树木和水已经为他们提供了充足的食物，不需他们费心，或者因为他们不知道玉米有何用途，或者因为他们没有称手的工具，或者因为他们对未来所需缺乏远见卓识，又或者他们缺乏保护自己的果实不被他人窃取的方式。

我们可以想象，随着人类变得越来越勤劳，他们开始用尖锐的石头和棍子开垦土地，在房屋周围种下蔬菜和根状物，然后过了很久，他们掌握了种植玉米的方法，又制作出了称手的工具，开始大面积种植玉米。为了占地种植，获取更多的东西，人类不得不牺牲很多东西，而处于原始状态的人类并没有这样的预见性，正如上文所提到的，他们甚至无法在早上计划晚上的事情。

为了使农业发展下去，其他技艺的发明也显得不可或缺。一些人需要去熔丝锻铁，那么另外一些人就需要为他们解决衣食温饱。参与铸铁制造的人越多，留下来从事农业生产的人就越少，而需要吃饭的人数却并未减少。总之，需要有人去发展畜牧业和农业，也需要有人生产铁具和发明加倍生产它们的方法。

因此，一方面畜牧业和农业得到了发展，另一方面金属冶炼和用途拓展也向前迈进了一大步。

人类耕种的脚步从未停歇，随之而来的是土地的分配。私有制一经确立，最初的平等原则就登上了历史的舞台，要保证每个人都得到一些东西，且这些东西只属于他，而且，随着每个人都越来越有远见，且能预见到会有财产上的损失时，人们开始越来越害怕因损害他人财产而遭到报复。私有制只可能从劳动中产生，因此这一源头显得尤为自然，因为人类无法想象除了通过劳动，还能怎样获得财富。通过劳动，人类拥有了收获自己耕种的土地上的果实的权利，至少在收获果实之前，他可以占有这片土地。如此以往，年复一年，持续的占有自然地转化为了私有。自然法之父格劳秀斯说，古人给了农业女神色列斯"立法者"的称号，并为向她表达敬意创立了一个节日，名为"戴斯莫福里"，这已经表明土地的分配产生了一种新的权利，即不同于自然法则的所有权。

因此，在人类的才能平等的情况下，一切才能保持平等，例如，铁与食物的用量始终保持相同。但因为这一比例难以维持，这种平衡很快便被打破了。力量最大的人要做最多的工作；最灵巧的人懂得取得事半功倍的效果的方法；最聪明的人能够发现减轻工作的方式；农夫需要铁，铁匠需要玉米，因此，在工作量相同的情况下，有些人生活富足，有人却收益甚微。由此，自然的不对等随着人类关系的变化而逐渐发展，而在不同情况下，人类之间的差别也变得愈发明显，效果也更加持久，同时也极大地影响着人类的生活。

事物发展到这一阶段，接下来的情况就不难想象了。我不会停下来去描述其他技艺的相继出现、语言的发展、人类才智的运用、财富的不均衡和滥用，也不用事无巨细地阐述其中细节，我相信大家都能轻易地自行进行补充。我想研究的是在新秩序下生存的人类。

至此，人类的所有能力都被开发了出来，我们的记忆力和想象力得到了提高，自尊心开始萌发，理性变得活跃，心智也已经被开发到了极致。

自然界赋予我们的品质得到了充分运用。人类的等级和境遇不再只被财富、权利和伤害别人的方式所牵制，还受智力、美貌、力量、谈吐、功绩、才能所影响。

　　因为唯有这些品质能够使人类赢得尊重，所以拥有这些品质或者至少假装拥有就显得很有必要，因此人们必须要装出与实际截然不同的样子。"实际上"和"表面上"两者大相径庭，正是在这个区别中，涌现了浮夸、欺诈和随之而来的各种恶行。

　　另一方面，随着新的需求不断涌现，本来自由而又独立的人类，现在却出于被自然，尤其是被同类奴役的状态。这样一来，表面上他可能是其他同类的主人，实际上却沦为奴隶。富人需要他人的服务，穷人需要他人的协助，中等水平的人也摆脱不了对他人的需求。因此，他必须不断让别人关注自己，让别人发现为自己工作的优势，无论是真是假。这就让他在面对一些人时表现得十分狡猾，城府极深，面对另一些人时显得飞扬跋扈、冷酷残忍，而当他发现自己并不能使别人畏惧自己，顺从自己的意愿的时候，或者当他并不愿意服务他人的时候，他就不得不残忍对待其他人。

最后，这种贪婪的野心，与其说是必然需要，不如说是为了高人一等或者为了积累财富而产生的伤害别人的倾向，其中还夹杂着隐隐的嫉妒之心。为了顺利达到目的，它通常戴上仁慈的面具，所以极其危险。总之，在平静的表面下，一方面是残酷的竞争，另一方面是对利益的追逐，以及妄图攫取他人利益的隐秘的欲望。这就是私有制的最初影响，也是最初的不平等的附属品。

在象征财富的符号出现之前，能够代表财富的只有土地和牲畜这些人类唯一可以拥有的财产。然而随着房产不断增多，面积不断延展，覆盖率急速升高，土地之间相互毗邻的时候，人们如果想拓展自己的土地面积，就势必要以牺牲他人利益为代价，而那些由于过于软弱或懒惰而没有完成土地拓展的人，虽未失去任何东西，实际却变得更加贫穷了，因为周围的一切都改变了，只有他们还维持原状。这时的他们为了生存，不得不从富人手中抢夺财产。

如此，由于富人和穷人有不同的性格，便产生了统治和奴役，暴力和掠夺。富人们尝到了发号施令的甜头后，便对其他事物都失去了兴趣，他们会用旧奴隶换新奴隶，满脑子都是如何征服和束缚他们的邻居。就像贪婪的狼，一旦尝过人肉，吃其他食物都味同嚼蜡，之后会一直对人类虎视眈眈。

如此，最有权势之人和最可悲之人，分别将自己的权力和悲惨视作可以夺取他人财富的权力的象征，认为这种权力等同于财产权，而这样的不公平引发了骇人的骚乱。因此窃取富人的财富，掠夺穷人的财产和无止境的纵欲彻底粉碎了自然赋予人类的同情心，正义之声变得微弱无力，人类逐渐变得贪得无厌、邪恶无度且野心勃勃，因此在强者和第一个占有者之间产生了一场持久战，最后以暴力和血腥杀戮告终 [ 注 17]。渐渐的，最初的社会被可怕的战争场景所代替：饱受践踏、蹂躏的人类再也无法回归最初的状态，也无法放弃窃来之物，他们只能艰难地活下去。在滥用自己引以为豪的权利，进而引发骚乱之后，他们将自己推到了毁灭的边缘。

他被新的灾难惊呆了，又富有又可怜。他只想逃离财富，并憎恨他曾经祈祷的东西了。[①] 遭受重重灾难冲击的人类，迟早会对这样悲惨的情况进行反思。

富人们尤其对这样一场旷日持久的战争深有体会，因为他们需要承担经济损失，虽然大家都在面对危险，但物质上的损失却需要他们来承担。

而且，无论他们如何粉饰自己巧取豪夺的行为，他们都充分认识到了自己这种行为是建立在虚假的、不牢固的基础上的，是利用强权的结果，而别人同样也能用双手强行夺取回来，而且他们还不能有丝毫的抱怨。甚

---

① 奥维德《变形记》，XI，127，诗句的译文，曾被蒙田引用。

至那些通过自己的劳作积累财富的人，也不能为自己所获之物正名。他们只能说："这面墙是我建的，这块地是我通过劳动得来的。"

但别人依然可能持反对意见，并进行追问："谁要求你这样做的呢？你有什么权力要求我们来支付这笔费用呢？你可知因为你自私的占有，多少同胞因此丧生或在遭受痛苦吗？你难道不知道你需要得到大家的一致同意才能占有额外的部分吗？"

面对这样的质疑，富人们因为没有充足的理由和强有力的辩词，而只能无言以对。富人对抗个人不在话下，但在多数人面前也只能甘拜下风。他们因为对彼此的嫉妒，无法在战争中联合起来，通力制敌，只得孤军奋战。受情势所迫，富人们产生了一个想法，而前人从未产生过这样的想法：那就是巧妙利用那些攻击者的力量，将敌人变成盟友，向他们灌输新的理念，让他们接受新的制度。他们改变了自然法中不利于自己的因素，让制度为自己服务。

出于这一目的，富人们向邻居们表达了自己对那种恐怖情境的担忧：如果所有人都武装起来，彼此剑拔弩张，那么他们的财富和另外一群人的需求都会变成负担，那么无论是穷人还是富人，都无法享受片刻安宁。

他轻而易举地编造出了这些似是而非的论点来说服他们。

他说："让我们团结起来吧！使弱者不受压迫，使那些野心勃勃的人受到约束，使每个人都能得到属于自己的东西。我们来制定一些公平、和平的准则吧！人人都必须遵守，没有例外，这样就能从某种程度上弥补财产分配的不均，因为强者和弱者要承担相同的义务。总而言之，与其我们自相残杀，不如团结起来，凝聚成一个至高无上的主权。它将通过严谨的法律管理我们，会保护我们，抵制外敌，而我们也会保持和谐的关系。"

对于那些意志力薄弱的穷人，却并不需要如此费尽口舌。穷人之间存在多种争端无人裁决，他们各个贪得无厌、野心勃勃却又群龙无首，因此他们自愿戴上镣铐以求取某些自由。他们早已明白政治制度的重要性，却因缺乏经验没有看到其中隐藏的危险，而能够洞察其中弊端的人，又恰好是那些想从他们身上获益的人。甚至最睿智的人也认为他们有必要牺牲一部分的自由，来确保其他部分的自由，这种冒险就像有人愿意自断受伤的肢体来保全身体其他部分的安全一样。

这就是或应该是社会和法律的起源，自此，弱者被套上了新的枷锁，富人被赋予了新的力量 [ 注 18]。自然状态下的自由不复存在，私有制和不平等的法则应运而生。它给一种巧取豪夺的手段冠上不可反驳的名目，为了少数野心勃勃的人的利益，使其余的人类永远处于劳动、奴役和痛苦之中。

我们可以轻易地想到，一个社会的建立会使得其他社会的建立也显得非常必要，而为了对抗联合起来的势力，其余的人类必须要联合起来共同抗敌。社会以这样的方式迅速扩张，逐渐蔓延到地球的每一个角落，再没有任何一个人能够扔掉枷锁，或摆脱头上悬挂的那把摇摇欲坠的剑。

公民法成为所有人必须遵守的通用法则，而自然法则却只存在于不同社会之间。人类还常以人权之名，用一些心照不宣的惯例削弱了自然法则的效力，使得社会间的交往成为可能，填补了自然同情心的空缺，而自然的同情心在社会中已经失去了对个人的影响力，只存在于一些认为自己是世界公民的伟大灵魂中。这些人敢于跨越人和人之间假想的障碍，像创造人类的造物主一样，对所有人以善相待。

而不同的政治体制彼此的关系仍处于自然状态，很快的，其中的诸多弊端显现了出来，人们因此开始纷纷试图摆脱这一状态，而自然状态对整体而言，比对个体更加致命。

正是从这里产生了令自然为之战栗的内战、争斗、谋杀和复仇，也因此产生了将人类血腥杀戮视为美德的可怕偏见，甚至最高尚的人都会认为割断同伴的喉咙是一种责任。最后，人类开始自相残杀，却不知是为了什么。一次争斗中发生的谋杀，一个城池被占领时的恐惧，比在自然状态下运转数个世纪的地球上人类遭受的痛苦和恐惧还要多。这就是人类被划分为不同社会所带来的初步危害。现在让我们回到这些社会的建立问题上。

关于政治社会的起源问题，我知道有些学者曾提出过其他的观点，比如它来自强者的征服或者弱者的联盟，但是这些观点并不在我想探讨的问题范围内。我之前提到的原因，最为合乎情理，原因如下：

第一，所谓征服赢得的权利实际算不上实权，因此它不能作为其他权利的基础，因为征服者和被征服者一直处于敌对状态。除非被征服者获得了完全的自由，那么他们就能自由地选择他们的征服者作为自己的首领。在此之前，无论他们之间缔结了怎样的投降协议，都是建立在暴力之上的，这从根本上就表明了这一协议是无效的。在这种情况下，不会出现真正的社会或政治体制，也不会有强者之外的第二法则。

第二，"强"和"弱"这两个词是模糊不清的，从私有制或优先占有权的出现，到政治组织的建立，在两者的过渡时期，这两个词被"贫穷"和"富有"所代替，在法律建立之前，人们抬高自己身份的方式只有损害他人的财产，或将自己财产的一部分分给别人。

第三，因为自由是穷人们唯一的财富，因而他们一定不会不假思索地轻易放弃，除非他们丧失了理智或者通过放弃自由来获得一定程度上的对价物。富人们则对自己的财产非常敏感，他们的利益常遭他人觊觎，因此他们的防备心理更强。我们可以这样想，如果一个人所发明的东西不能为他服务，反而对他有害，那么他还会发明这个东西吗?

　　初期的政府没有固定的管理模式。因为缺乏充足的哲学知识和经验，人们只能看见眼前出现的弊端，却缺乏远见，只有问题发生了，才会进行补救。尽管最睿智的立法者殚精竭虑地为完善政治体制做出了不懈的努力，但法律制度仍处于不完善阶段，因为它仍然只是偶然的产物，并且因为它的基础并不牢固，尽管随着时间推移，人们在发现它的弊端后进行了补救，但它的弊端早已根深蒂固。

　　人们不停地修补着，然而，要想建一座牢固的大厦，他们应该像斯巴达法典制订者莱克格斯(Lycurgus)在斯巴达所做的那样，从清理那片区域，移走旧建筑材料开始。起初，社会只是由一些约定俗成的规则架构起来的，社会中每个成员务必遵守这些规则，集体又可以保护所有个体。

　　但当破坏规则的人能够很轻易地逃脱罪责，而公众是唯一的证人和裁决者，在这种情况下，只有当可以用经验证实这种制度多么脆弱时，当人们千方百计地逃避法律时，当弊端和骚乱接踵而至时，人们才不得不胆战心惊地将公共权力交托给某些个人，才会想到让执法官负责强制人民群众遵守规则，而认为领导者的选举发生在联邦产生之前，执法者出现在法律产生前的观点，我认为是无稽之谈。

同样，关于人类最初不假思索地选择信任独裁者的说法也不合情理，认为桀骜不驯的人类为了公众安全而奔向奴隶状态的观点也站不住脚。

事实上，人类愿意选举出领导，不就是为了让领导保护自己不受压迫，维护他们的生命、自由和财产这些生活的必备因素吗？人与人之间的关系，最糟糕的莫过于自己要对他人言听计从，那么如果一个人是因为需要他人帮助自己保护好财产，因而选出了领导，却在一开始就将自己的财产拱手让给领导，这不是有违初衷吗？那么享受特权的领导，要回馈给民众怎样的等价服务呢？如果他以自己能够保护民众的名义，要求获得特权，那么他不会立即得到一个充满讽刺意味的回答吗？不过是个敌人，我们还能要求什么呢？人们选举出管理自己的领导，是为了保卫自己的自由，而非甘愿为奴，这是一个不争的事实，也是政治法律的基本准则。正如古罗马文学家小普林尼（Pliny）对其眼中的明君图拉真（Trajan）所说的话："我们拥护真正的主人，一个不把我们当作奴隶的主人。"

政治学者关于人类对自由的热爱的论述，与哲学家对自然状态的论述相同。他们会根据见过的事物来判断他们从未见过的事物。他们注意到人们在背负枷锁时有着极大耐心，便认为人类有成为奴隶的自然倾向，但他们没有认识到人们对于自由的认知就像对天真和美德的认知一样，拥有的时候才能认识到其中的价值，而一旦失去便不知其中滋味了。一位波斯总督曾经将斯巴达和波斯城的生活相提并论，而斯巴达统帅布拉西达斯（Brasidas）听闻后对他说："我知道你的国家具有独特的魅力，但你并不知道我所感受到的快乐。"

正如一匹烈马会竖起鬃毛，马蹄跺地，稍有不顺意就大发雷霆，而一匹被驯服的马即便遭受鞭打和马刺也会不发一言，默默忍受。相较于文明社会的人，从未受过束缚的野蛮人更喜欢狂风暴雨似的自由，也不愿意默默顺从。因此我们不应该通过被奴役人民的屈从，来判断人类是否天生有受奴役的倾向，而要看他们为了反抗压迫而做出的盛举中反映出来的真相。

我知道有些被困在牢笼中的人会大肆喧嚷自己多么享受被束缚的生活，说自己多么的平静闲适，即所谓的"被束缚的可悲的和平"；当我看到有人不惜牺牲快乐、和平、财富、力量甚至生命去兑换这被那些人轻易丢弃的珍宝时；当我看到天性向往自由的动物抵死冲破牢笼时；当我看到无数赤身裸体的野蛮人对欧洲人享受的乐趣嗤之以鼻，为了追求独立拥抱饥饿、火焰和刀剑的野性生活时，我终于明白，自由并不是奴隶可以讨论的话题。

有人认为政府和其他形式的社会是从父权中衍生出来的。无须查证洛克（Locke）和悉得尼（Sidney）的理论，只需通过观察，我们便能发现：父权中饱含温情，与残暴的专政思想毫不相关。父权更为关注的是服从者的利益，而非发号施令者的效力。依照自然法则，只有当孩子需要父亲的帮助时，父亲才是孩子的主人，而这个阶段过后，他们的关系趋向平等，孩子将完全独立于父亲，且对父亲只有尊重，而不是服从。因为感激之情只是一种我们义不容辞的责任，而恩人不会刻意提出要求。

与其说公民社会来自父权，不如说，后者的主要力量来自前者，只有当子女围绕膝下的时候，父亲的形象才越发鲜明。一位父亲的财产是使孩子依附于自己的纽带，他可以按照自己的心意分配财产，也可以根据孩子们是否尊重自己或是否乖巧懂事，按不同比重进行分配。

人类不能奢望从残暴的领导者那里得到这样的恩惠，因为人类本身就属于他们，人类也应自愿将财产交给他们——至少领导者自己是这样认为的。

人类甚至将暴君允许自己保留自己的财富视为一种恩惠。暴君残忍地剥削他们是正义的，暴君容他们存活已是极大的恩泽。

如果我们比对过这些权利，我们就能发现暴君建立在民众同意的基础上这种说法经不起推敲。我们也很难证明这种契约的合理性：一方需要付出所有，而另一方不需做任何努力，而被束缚的一方却要承受偏见。

这种极不合理的体系与任何贤明君主制定的体系都不相同。法国的一些国王在立法方面堪称翘楚，我们从他们颁布的法令中就能看出这一点。其中最突出的是

1667 年由国王路易十四发布的法令："君主不应脱离法律的约束，因为他就是国家法律的代表。尽管有时君主会被奉承谄媚所蒙蔽，但贤明的君主总会像守护神一样捍卫人民的领土。先贤柏拉图曾说过：'一个国家最大的幸福在于：臣民服从于君主，君主服从于法律，且法律保持公正，永远为民众的利益而服务。'"

我不会停下讨论这个问题，既然自由是人类最神圣的能力，那么为何要压抑天性，贬低自己，为那些天性恶劣、人面兽心的人服务呢？有人竟背离自己的天性，毫无保留地抛弃了自己最宝贵的天赋，为了取悦一个狂暴、残忍的主人，犯下造物主禁止我们去犯的一切罪行。当造物主——崇高的艺术家看到自己的作品做出如此屈辱的事，人格被毁的时候，是否会更加怒不可遏呢？

我只想问：那些不知羞耻，自贬身价的人，有什么权利让自己的家属也蒙羞，有什么权利代替后辈决定放弃本属于他们的财富，让原本生活富足的后辈承受重担。

自然法学思想家普芬道夫（Puffendorf）说过："就像我们可以通过协议或者约定将自己的财产转让给他人一样，我们也可以为了别人放弃自己的自由。"

我认为，这属于无稽之谈。

首先，财产一经转让便与我无关，无论财产是否被滥用都对我没有任何影响，但我的自由是否被滥用却与我休戚相关。假如我沦为犯罪的工具，那么我一定会被迫承受相应的罪责。

另外，财产权是人类社会的一种规定或制度，每个人都可以随意支配自己的财产，但自然赋予的天赋，如生命和自由等情况就大不相同了。每个人都有权享受这些权利，也毫无疑问地可以选择放弃，而放弃其中一个会导致人类走向堕落，放弃另一个则意味着这个人将不复存在。因为没有任何其他事物可以弥补这两个空缺，因此无论处于何种考虑，只要放弃它们，就是对自然和理性的触犯。即便我们可以把自由物质化，且可以进行转让，这对于我们的孩子来说也存在很大差别。孩子们只能通过接受转让的方式享受我们的财产，但自由是他们自降生便被自然赋予的礼物，父母无权进行剥夺。就像要建立奴隶制就必须破坏自然，改变自然一样，那些煞有其事地声称"奴隶的子女世代为奴"的法学家，不过是在发表一些"人类生来不是人类"的谬论。

因此我可以确定的是：政府起初并不是从强权政治开始的，后者只是腐败和偏激导致的结果，正是强权将政府推向了它最初希望的强者定律的方向。即便政府是由此开始的，但因其本身的不合理性和不平等性，它也无法成为社会权利的基础。

尽管政府基本契约的性质仍有待研究，但我们今天暂不对其进行探讨。我将参照普遍观点，将政治组织的建立视为人们与他们选举的领袖之间的一份协议。在契

约的基础上，双方结成联盟，并共同遵守契约规定。基
于这种社会关系，民众会将自己的意愿汇总为统一的意
愿，然后这些表达公众意愿的条款便成了基本法，所有
公民务必遵守。其中一条法律规定了监督对他人执法的
法官的选择权和权力。

这一权力覆盖基本法的全部内容，但不可对基本法
做出更改。其中还有规定法律和执法者需受到尊敬的条
款，因此一些执法者会享有一些特权，以奖励他们为公
正执法做出的努力，而对于执法者来说，他们必须要根
据委托人意愿，在职权范围里行使权力，让每个人享有
财产不受侵犯的权利，且永远将公众利益置于自己利益
之上。

在经验被证实之前，或者在人类尚未能认识到这种
制度的弊端前，这种制度似乎看起来无懈可击，而负责
守护法律的人似乎最关心的是自己的利益。执法者及其
权力都是在基本法的基础上建立起来的，基本法一旦被

摧毁，执法者再无任何职权，人们也无须听从他们的指令，同时一个国家的基本要素是由法律组成的，而非执法者，所以一旦法律消失，每个人会立即恢复到原始的自由状态。

只需稍加思索，我们便能发现：这一真相会被新的论据所证实，而契约的本质也进一步向我们证明它不是不可撤销的。因为如果没有一个至高无上的权力来保证契约双方的忠诚，确保他们能够完成自己的使命，契约签订双方就只能各自充当自己的法官，且一旦其中一方发现另外一方毁约或契约条款不再为自己的便利服务时，他会立即撤销契约。似乎撤销的权利正是在这一基础上被建立起来的。

然而，现在我们要探讨的是在这一制度下生存的人，如果大权在握的执法官，利用自己的职权徇私枉法，中饱私囊，且有权放弃自己的权力，那么为领导的错误买单的人民群众，不是更有放弃听从领导指令的权力吗？这一危险特权必然会带来无穷无尽的纠纷和骚乱，这就表明了人类政府多么需要一个坚实的基础，民众的安宁多么需要神祇的介入。这样一个至高无上、神圣不可侵犯的领导者，才能够直接剥夺执法者恶意处置民众的权力。

如果说宗教能给予人类的好处有限，光凭这一点，宗教就足以赢得人类的尊重和珍惜，因为它所挽救的人类，比因宗教狂热而献身的人类要多得多。不过，我们还是回到假设的主线上吧！

政府的不同形态源于其成立之初社会成员的不平等程度。如果社会中有一个人能力过人、品德出众、家缠万贯且名声显赫，那么他就会成为唯一的执法者，国家将变成君主制；如果社会中有许多旗鼓相当的佼佼者，他们同时被选举，那么这个国家将产生贵族政府；如果财富和天赋分布不均，离自然状态最接近的人则会共同管理政府，从而形成民主国家。至于哪种形式对人类最为有益，这点还需时间的检验。有人一心遵从法律，有人则很快地向主人俯首称臣。前者希望守住自由，后者却只想侵害邻居的自由，因为他们不愿看到别人享有自己失去的东西。总而言之，财富和征服属于一方，美德和幸福属于另一方。

无论哪种形式，最初的政府官员都是被民众选举出来的。当财富不占主导地位时，人们会优先考虑功绩，这是自然的优势，而年龄作为经验的基础，则会被议会重点考量。从希伯来人的"长老"（Ancients），到斯巴达的"元老"（Geronts），再到罗马的"元老院"（Senate），以及我们的词汇"君主"（Seigneur），均展现了年龄受重视的程度。然而，由于当选人往往已经年迈，因此选举次数非常频繁，如此以往，人们渐渐感受到了其中的弊端，因此群众中开始出现内讧，党派纷争激烈，战火燃起，为了国家的幸福，无数公民沦为炮灰，而人类则濒临原始的无政府状态。

在这种情况下，某些野心勃勃的权贵们会乘虚而入，将权力牢牢把持在自己家族中，而那些并不独立，习惯于平静、便利的生活的公民们无力挣脱枷锁，甚至同意更加臣服于权贵们，以求换来安宁。

如此，执法者变成了世袭制，并将这一职位视为家族财产，把自己看作群体的所有者，尽管一开始他们只是小官员。他们把公民当作奴隶，甚至当作自己拥有的牲畜，并认为自己比肩神灵，是至高无上的王。

从这些变革中追寻不平等的形成轨迹，我们能够发现法律和私有制的建立是不平等形成的第一阶段，法律制度的出现是第二阶段，合法权益转向专制是第三个也是最后一个阶段。因此，第一个阶段产生了贫富差距，第二个阶段出现了强者和弱者的落差，第三个阶段出现了主人和奴隶的对立，这就是形成不平等的最后阶段，是其他不平等必然到达的终点。这个阶段会一直延续下去，直到新的变革推翻政府，或使其回归法治阶段。

为了解这一过程的必然性，与其去考虑政治体制建立的动机，不如去探讨政治主体的执行形式和其中的局限性。

在社会法制变得不可或缺后，其弊端是容易引起法律的滥用。在此要将斯巴达排除在外，那里的情况比较特殊，他们的法律主要针对儿童教育。另外，斯巴达曾经的国王莱格古士（Lycurgus）也建立了一套无须法律约束的道德标准。因为法律往往不如情欲的力量大，因而只能起到克制的效果，无法将其改变，那么我们不难证明：每个政府都应该谨慎防范变革和腐败，不忘制度形成时最初的目的，如若不然，政府便会变得形同虚设。如果一个国家里的任何人都能严格遵守法律，绝不滥用法律，那么法律或者执法者也没有存在的必要。

政治上的差别最终必然导致公民之间产生差别。民众和领导者之间的不平等变得越来越明显，而这种不平等在个人与个人之间也逐渐显现出来，并因为人们的欲望、才能和情况不同幻化成上千种形态出现在人类面前。

执法者只有通过拉拢同党才能窃取非法权力，因此他就不得不将自己的权力分一部分出去。此外，处于自然状态的公民只有在受到盲目的野心驱使下，才会甘愿忍受压迫。由于他们更倾向于观察社会底层人民，而并不关注凌驾于他们之上的阶层，因此比起自由，他们认为统治更加珍贵。当他们戴上枷锁时，头脑里想的是有朝一日也能将这枷锁强加在他人身上。如果一个人不想支配他人，那么很难让他屈从；如果一个人只想追求自由，那么最无懈可击的政策也无法镇压他。

但是，不平等早已轻易地在怯懦和野心勃勃的灵魂中扎下了根。这些人跃跃欲试地想去碰碰运气。他们总是根据是否对自己有益来决定选择统治还是服务。就这样，终于有一天，民众的双眼已被蒙蔽，这时统治者只需对最可怜的人说上一句"吾能让汝等及子孙世代尊贵"，如此一来，他在人群中的形象瞬间高大了起来，他也认为自己尊贵了许多。他的子孙后代也认为自己愈发尊贵，在他的淫威下享受着一份尊崇。统治者为民众打造的成为权贵的梦想越是遥不可及、缥缈不定，效果就越是明显。富人家族里无所事事的人越多，名声就越显赫。

如果从这点出发深入探讨其中细节，我便能够轻易地解释声望和权力的不平等在个体之间蔓延的必然性[注19]。当人们刚刚聚集到一个社会中时，他们会不由自主地进行相互比较，并在相互利用的过程中发现彼此的差别。

这些差别各不相同，但财富、阶层或等级、权力和功绩是社会中人类衡量自己和他人的主要标准。因此我将证明：不同势力的关系和睦与否，是衡量一个国家最初结构好坏的标志。我也能够向大家证明，在这四种不平等形式中，个人品质是其他三种的源头，而财富是它们必然到达的结果，因为财富与人类生活休戚相关，也易于流通，人们可以用它弥补其他的差别。

基于这样的观察结果，我们能够精确判断人们距离原始制度的远近，以及他们走向腐败的过程。

我将阐明那些将我们所有人吞噬的对于声望、荣耀和优先权的欲望，是如何让我们动用智力和权力反复练习并展开竞争的；它是如何撩拨着我们的情欲，让其膨胀的；它是如何让身处同一行业、野心勃勃的人们不知疲倦地展开较量，反复角逐，甚至互生敌意的；它又是如何让多少失望、成功和悲剧循环上演的。我将证明正是这样渴望被关注的强烈欲望，与那些让人们忘我地以命相搏的狂热情感，使人们中间产生了优劣之分，产生了我们所说的美德和罪恶、科学与谬误、征服者和哲学家。换言之，就是产生了屈指可数的好事，却滋生了无数的坏事。

我还能够证明，权贵们站在财富和权力的塔尖上怡然自得，而广大民众却在暗处为了生计挣扎，这是因为前者享受着后者渴望而得不到的东西。假如权贵们最初安于现状，民众们将不会承受这些痛苦，然而权贵们也不会感到快乐了。

光是对这些细枝末节的探究便足以写成一本巨著，它可以比对不同形式的政府统治下的人类与原始状态的人类权力的不同，进而衡量利弊，也能够展示当今在不平等的状态下出现的不同面孔，还可根据政府的本质，推断随着时间推移必将出现的变革和必然到达的结果。

我们能够看到为了抵御外敌，无数民众被暴君无情压榨；我们能够看到压迫与日俱增，而受压迫者不知这种压迫何时停止，也不知如何阻止这种压迫；我们能够看到公民的权利、民族的自由逐渐消失，弱者发出的所有呻吟、抗议和呼唤之声都被当作扰乱治安的杂音；我们能够看到，政府会给予那些为国家共同事业而奋斗的人荣誉，而这份荣誉只属于那些被雇用的人；我们能够看到，当纳税成为必然时，即便在和平年代，农夫也不得不放弃自己的田地，放下耕具，拿起刀剑进行反抗；我们能够看到，有关荣誉的致命且怪诞的规则从此诞生；我们能够看到，那些曾经的国家的守卫者最终变成国家的敌人，他们会对自己的同胞拳脚相加。

然后终有一日，他们会对国家的压迫者说：如果你命令我将利剑刺入我父亲的胸膛，刺入我怀孕妻子的脏腑，我终会完成你的命令，尽管我的臂膀在反抗。[①]

财富与境遇的巨大差距，欲望和才能的落差，无用甚至有害的艺术，以及毫无生机的科学，滋生了无数偏见。这些偏见使人们背离了理性、快乐和美德。

我们会看见，领导者们无所不用其极地分裂群众，弱化他们的势力。他们给社会蒙上了和谐的面纱，却在内里播撒了分裂的种子。他们煽动不同权利和追求不同利益的阶层对立，引发猜忌和憎恨，进而巩固自己掌控

———————
① 见《吕干诗集》，I，第376页。

全局的权力。

正是在这些骚乱和变革中，专制政治抬起了它面目可憎的头颅，践踏所有安稳、纯洁的东西，无视法律，蔑视人类，最后在共和国的废墟上崛起。它的到来会使骚乱横行，灾难不断上演。最后，所有的一切都会被这头巨兽吞噬，领导者和法律都会从人类社会消失，只剩暴君只手遮天。正是在这个可怕的时期，美德和利益都不复存在。因为在暴君的统治下，"谁也别想从忠贞中得到什么"。专制政治一家独大，正直和责任在它面前毫无作用，而对于奴隶而言，盲从就是他们唯一的美德。

这就是不平等的最后阶段，它让我们回到了循回的原点。至此，人们再次回到了原始平等的状态，因为他们如同草芥，没有任何价值。他们不再遵守法律，只需听从主人的指令，而主人只是自己欲望的附庸，所有美好的概念和正义的原则都不复存在。在这里，一切又回到了强者法则时代，当然，这与我们最初的状态存在很大差别。一个是一种纯粹、干净的自然状态，而另一个却是腐败的最终结果。

但从另一角度来看，两者的差别又是那么的小，政府的契约能够轻易地被专制瓦解，而暴君也只能在最强大的时候坐稳这个位置，一旦他们被合力推翻，自己也只能哑口无言地默默退出。

杀死暴君，推翻政权的起义行动，与暴君可以任意处置人民的性命和财产的行为同样合法。暴力可以成就他，也可以推翻他。因此，所有事物按照自然规律运转更迭着，无论这些短暂而又频繁的变革导致了什么样的结果，任何人都无权抱怨他人的不公，只能归咎于自己的不谨慎和不幸。

人类从自然状态一路走到文明状态，而那些轨迹已经被遗失了。我因为偷懒，或因想象力不足而无法讲明那段轨迹，如果细心的读者愿意去追溯这些道路，他们一定会被这两个状态之间的巨大空间所震撼。

在探索这一系列事物的过程中，读者可能会遇到无数解决方案，去解决令哲学家们困惑不解的道德和政治问题。读者还会感受到，一个时代的人无法取代另一个时代的人。第欧根尼（Diogenes，古希腊哲学家）找不到一个像老加图（Cato，古罗马政治家）一样的人，其原因在于他试图在同时代的人中去寻找一个只存在于过去的人，所以他将看到，由于老加图不适合他所生活的时代，所以他会与罗马及自由一起沦陷。最伟大的人们只不过震惊了他当时的世界，而如果他再早五百年来到这个世界，世界就会欣然臣服于他。总而言之，你会发现自己能够理解，人的灵魂和激情就像人性一样，是如何在不知不觉中发生改变。改变是如何发生的呢？从长远的角度来看，我们的欲望和快乐会改变事物，人也逐渐不会再是原来的样子。

社会不再给我们审视的机会，只让我们看到了那些虚妄的人和虚假的情感。它建立了所有这些新的关系，但从实质上来讲并不牢靠。在这一问题上，思考并没有教会我们什么，而经验完美地证实了这一点。野蛮人和文明人在爱好和欲望方面有着根本的不同，让一方感到幸福的东西可能会使另一方陷入绝望。前者只渴望休息和自由，他只想活下去，不想劳累。即使是最坚定的斯多葛式的平静，也无法表达他对其他一切事物的完全漠不关心的程度。

相反，文明人总是在忙碌，总是汗流浃背、绞尽脑汁去寻找更为艰苦的职业。他一直苦干到最后一刻，不，他追求向死而生，或者放弃生命以获得永生。他对他所憎恨的掌权者及他所鄙视的有钱人卑躬屈膝；他不为自己的软弱和别人给予的庇护感到羞耻；他以枷锁为荣，蔑视那些未能有幸与他为伍的人。

如果加勒比人看到欧洲人愿意承受痛苦，渴望工作，他们该多么地震惊啊！这些懒惰的野蛮人宁愿死过千百次，也不愿意过这样一种可怕的生活！即便能大展宏图，也不能缓解他们的恐惧。但是，看到这么多人为权力和名誉疲于奔命，他在头脑中首先应该给权力和名誉这些词赋予某种意义。他得知道，有些人过于重视别人的看法，这些人会通过别人的赞许来获得自我认同感。

事实上，所有这些差异的真正根源在于，野蛮人生活在自己的世界里，而文明人，一直活在别人的世界里。他们只知道如何生活在别人的看法之中，因此，可以说，他们只是从别人的判断中感受自己的存在。

鉴于探讨道德的精彩文章已经比比皆是，因此导致对善与恶如此漠不关心的原因并不在我的研究范围内。我也不打算讨论为何一切事物开始流于表象，变得空洞且虚假；我也不打算去探讨人们以荣誉、友谊、美德甚至恶行为荣的秘密；我也不打算讨论为何人类会锲而不舍地问别人自己是谁，却不敢去问问自己的内心。尽管有那么多的哲学、人性、礼貌和那么多崇高的哲言，为何他们仍徒有虚伪轻浮的外表，却缺乏美德、荣誉和智慧的理性，去追求并不幸福的享乐。

我只想证明：这并不是人的原始状态，而是社会所造成的不平等改变了我们所有的自然倾向。

我已经在努力阐释不平等的起源和发展，政治社会制度的形成及滥用。我尽量通过理性的光辉，以及人的本性来进行推断，不去受神圣准则的教条和使主权得以制裁神权的教义的干扰。

从这一理解可以看出，在自然状态下，人与人之间几乎不存在任何不平等，因此，我们现在所看到的不平等，其力量和增长都归因于我们的能力发展和理解力的提高，最终随着私有制与法律的确立变得合法。

同样，道德上的不平等，即便得到了授权，只要它与生理上的不平等不相称，那么它就会与自然权利相冲突。这种不相称决定了我们对不同文明民族中的不平等所持的看法。因为无论我们怎样定义不平等，只要有幼儿支配老年，愚人操纵智者，少数人富得流油，而大多数人却饥肠辘辘、缺衣少食等现象，那么它就是违反自然法则的。

# 注 释

[注1] 据希罗多德（Herodote）所述，在斯麦尔第斯（Smerdis）被杀害后，波斯的七个生还者集合在一起商讨将在这个国家建立一个怎样的政府。奥达奈斯（Otanes）强烈主张建立共和国。从一位总督之口竟说出这样的话着实令人震惊。鉴于总督在一个帝国中可以拥有的权势，以及权贵们对被迫尊重人民大众的政府的巨大恐惧，我们可以料想到，奥达奈斯的建议并未被采纳。选举君王一事已经迫在眉睫，那么他这样一个既不想号令天下，也不想对别人俯首称臣的人，便只能自愿将自己对王位的权力让给了其他竞争者，以换得自己和子孙后代能够自由地生活，除此之外再无他愿。尽管希

罗多德并没有告诉我们这一权力的附加条件，我们也能想象到，条件是必然存在的，否则的话，奥达奈斯将不会服从于任何法律，也不必听从任何人的指令。如此说来，他将在这个国家无所畏惧，权力甚至超过国王。但是，在这种情况下，如果他能满足于所享有的特权，那么也便不会去滥用权力。事实上，无论是先贤奥达奈斯还是他的子孙，都未曾存在使用特权祸乱王国的情况。

[注 2] 在提笔之前，我便感觉信心满满，因为我以那些广受赞誉的哲学家们的观点作为依据。这些论点源自一种理性———种只有哲学家们才能够发现和感知到的可靠而又高尚的理性。尽管我们更乐于关注自身，但我在想，是否我们对身外的一切事物了解得更加清楚。自然赋予我们的器官只是为了维持我们的生存，而我们却总想用它们来接收外在印象。我们极力地寻求感官刺激，扩展我们存在的外部范围，却对内在感觉视若无

睹，而只有内在感觉才能让我们回到自己真正的维度，隔开所有不属于我们的外在物体。若想了解自己，我们就必须要充分利用我们的内在感觉。只有通过内在感觉我们才能对自己有正确的判断。至于如何调动感觉的活跃度，以及如何使其全面发展才是真正的难题。内在感觉栖息于灵魂之中，而如何使灵魂摆脱我们认知上的谬误呢？我们早已失去了运用灵魂的习惯，而灵魂一直被压制在各种肉体感觉之下，依然不断躁动着。它被压抑已久，已经被我们的欲望之火烧干。我们的心灵、精神、感觉，所有的一切都在侵蚀着它，消耗着它，它正日益走向枯竭。

[注3]长期直立行走的习惯让人类的身体结构发生了一些变化，我们能观察到人类双臂与四足动物的前蹄有一些共同之处，这些以及四足动物的行走方式，使得我们不得不对表面看起来非常自然的事物产生怀疑。人

类的孩子最初都是靠爬行前进的，他们需要家长的讲解和示范，甚至有一些野蛮民族的人会任由孩子用四肢爬行，最后才发现，想让孩子们直立行走简直比登天还难。非洲南部的黑人部族霍屯督人便是这样，安得列斯群岛的加勒比人也是如此。我还能举出更多用四肢行走的人类的例子，比如以黑塞于 1344 年找到的那个狼孩。这个男孩被狼哺育长大，后来他在亨利王的王宫里经常说，如果让他自己选的话，他还是想回到狼群中生活，不愿同人类一起生活。他早已习惯了动物的行走方式，以致如果想让他直立行走，就必须在他的腿上绑上木块来让他的双脚保持平衡。1694 年在立陶宛的森林里发现的与熊一起生活的孩子也是如此。孔狄亚克说道："他没有表现出任何理性的特征，只会用手脚爬行，会发出一些嘶哑的声音，与人类没有半点相似的地方。"几年前被带到英国王宫去的那个汉诺威野孩子，为了学会直立行走，吃遍各种苦头。1719 年，人们又在比利牛斯山脉找到两个野人，他们也用四肢爬行，在山间跑来跑去。有人说，那些人用四肢爬行，是对如此实用的双手弃之不用的结果。但用猴子这一范例就能轻松反驳这一观点，猴子向我们展示了双手的两种用途。除此之外，这一说法只能证明人类在自然赋予的能力之外，开发出了肢体更实用的用途，而不能证明自然为人类设定了必须要直立行走的方式，除非是自然教授人类如何行走的。

但是，以我所见，似乎还存在证明人类是直立动物的更有力的证据。

首先，就算有人能够指出：人类最初的习惯与现在截然不同，人类是经过不断演化才变成现在的样子的。这样也不足以让我们得出结论，或者断言人类就是这样演化过来的。因为，在展示了这些变化的可能性之后，为使这些观点更能站得住脚，还要指出其依据，而且，即便有人说过去人类不得不将双臂当作腿来使用，但这也只是支持这一观点的唯一现象，能够反驳这一观点的现象数不胜数。这些现象主要包括：第一，人类头部在身体上的位置能够使其在直立行走时视线保持水平，但若用四肢爬行，人类就不能像其他动物一样保持视线水平了，眼睛必然会垂向地面，这对于人类生存来说非常不利。第二，再说说尾巴，直立行走的人类并不需要尾巴，但对于用四肢爬行的动物来说，尾巴是必不可少的，且各个都有。第三，女人胸部的位置刚好适合直立行走的人类抱起孩子进行哺乳，而这对于四足动物来说非常不便，所以没有哪种四足动物的乳房长在这个位置。第四，我们的下肢比手臂要长得多，这样一来，如果我们用四肢爬行，那我们就必须跪下前行，这样的构造会让动物失去平衡，导致行走起来非常困难。如果人类展开四肢趴在地上，你会发现他们的下肢比其他动物的要少一个关节，就是连接股骨和胫骨的关节，而且，如果人类被迫脚尖着地，他的跗骨将因为骨骼结构复杂并且太过粗壮而无法代替胫骨，而它与距骨和胫骨之间的距离又太近，导致在这样的情况下，人类的腿无法像动物的四肢一样灵活。

上述例子中所说的那些孩子的自然能力尚未发育完全，四肢也不够结实，所以这些例子并不能作为判断依据。我也可以断言，狗天生就不能用双足行走，因为出生数日之后，它们还是只能爬行。特殊案例无法推翻普遍实践，这些实践为全人类普遍认可，甚至为那些与外界没有任何交流，也没有任何模仿行为的民族所认可。一个还不会行走的孩子被遗弃在森林里，然后被某个野兽养大，那他一定会模仿这个野兽，并学习其走路方式。他从自然中获取了一些自然未曾赋予他的能力。就像失去双手的人，经过锻炼，能够用双脚代替双手，而被遗弃在森林里的孩子为什么就不能用手作脚用呢？

[注4]如果读者中有某位肤浅的自然科学家对自然

条件下的土壤非常肥沃的假设提出了质疑，我会用下面的话回击他们："植物从空气和水中汲取的养分比从土地中汲取的要多，但当它们枯萎腐烂的时候，它们给土地的养分比它们汲取的要多；此外，森林能够阻拦水蒸气，进而使水蒸气液化成雨水。因此那些与世隔绝、荒无人烟的森林里的土层会逐渐加厚，植物汲取了丰富的养分便开始蓬勃生长，但是动物给土地的养分就要少得多，而且人类还会消耗大量的植物来生活或做其他用途，其结果就是有人居住的地方土地养分层就会持续变薄，最后就会变得像阿拉伯·彼特里亚和东方许多其他地方的土地一样贫瘠。事实上，东方是最早有人类居住的地方。现在那里只剩盐和沙子，因为动植物的盐分都被保留下来了，而其他部分都挥发了。"

我还将用其他的例子证明这一理论。在近几个世纪中，人们在荒岛上发现了大量的树木和植物，它们庞大的数量就是对这一理论的证明，而这也是历史向我们展示茂密森林曾真实存在的方式。为了扩大居住领域，推进开化进程，人类开始大批量砍伐树木。除此之外，我还想强调以下三点：如果有一种植物能够弥补动物对植物的消耗，根据德·布冯先生的说法，这种植物的树枝和树叶应该能够从水和水蒸气中汲取比其他植物更多的养分。第二，土壤的破坏，换句话说就是植物赖以生存的物质的流失，随着土地不断被开垦、居民越来越勤劳，这种情况会不断加剧。第三点，也是最重要的一点，树木能够为动物提供比植物更有营养的果实。这是从我的亲身经历中所得，我曾在两块同样面积的土地上种过数量相同的两种作物（一块种植栗树，另一块种植麦子）来做对比。

[注 5] 在四足动物中，肉食动物有两个最常见的特征：一个是牙齿的形状，另一个就是肠道的结构。以植物为生的动物牙齿都不锋利，比如马、牛、羊和兔子，

而食肉动物牙齿都很锋利，比如猫、狗、狼和狐狸。素食动物体内存在肉食动物没有的肠子，比如结肠。因此，牙齿和肠道结构与素食动物相似的人类，也应自然地被划分到这一行列。

对于这一点，不仅解剖学的观察结果可以提供佐证，古代典籍的内容也能加以证明。圣·热罗姆（St. Jerom）在其著作《古希腊丛书》中指出，在农业之神统治时期，土壤肥沃肥美，所有人都不吃肉，只吃地里长出来的水果或其他植物。（《对若维尼安教派的答辩》，第二卷）

由此可以看出，我还放弃了很多对我有利的论据。因为对猎物的争夺会引发食肉动物中的唯一争端，而食草动物却能相安无事地永远生活在一起，人类明显属于后者。如果这一说法成立，那么显然人类更容易在自然状态下生存，而且人类不需要，也没必要离开这一状态。

[注6] 所有需要思考的知识，都需要一系列概念的积累，才能逐步获得完整的认知，而这个过程是野蛮人无法完成的。因为野蛮人之间不存在交流，他们既没有交流的必要，也没有对交流的需求。

他们所有的知识和技能只限于跳、跑、打架、扔石头和爬树。虽然除此之外，他们再也不会其他的技能，但单就这些方面，他们比我们做得要出色得多，而这些技能只需要反复训练就能逐渐达到完善，并不需要交流。这些技能也不会在传授过程中更加精进，因此第一个人在诞生之初与他最后一代子孙降生之时的技能水平完全相同。

旅行者们总是讲起野蛮人出众的力量和惊人的活力，对他们的敏捷度和灵活度也是赞不绝口。因为这些情况有目共睹，因此我们也有理由相信这些事实。下面我将随便举几个我曾翻阅过的书籍中的例子：

考尔邦（Kolben）如是说："霍尔顿人比住在好望

角的欧洲人更精通于捕鱼之术。无论是在海岸的小溪里
还是在河流里，他们使用渔网、鱼钩和鱼叉的方式都非
常灵活。他们在徒手捕鱼方面也是专家，游泳方面更是
无人能及。他们别具一格的游泳方式非常惊人。在游泳
时，他们会将双手置于水面上，看起来就像在陆地上
走路一样。在波涛汹涌的海里，他们会随着浪潮漂浮，
就像在跳舞一样，时而飘起，时而下沉，就像一块块
软木。"

　　作者还曾说过："霍屯督人在捕猎的时候也是出奇
的灵敏，他们跑步时的敏捷度超乎人们的想象。"令他
感到惊讶的是：他们并不经常将自己的灵敏度表现出
来，只是偶尔显露一二。这点我们可以从下面的故事中
看出来。他讲述道：一个荷兰水手从好望角下船，命令
一个霍屯督人扛起大概二十磅的烟卷，随他同去一个城
镇。在他们距离城镇还有一段距离的时候，霍屯督人问
水手："你跑得快吗？"荷兰人不假思索地说："当然了，

跑得快极了！"而非洲人回答道："那咱们走着瞧。"话音未落，他便带着烟卷一溜烟儿地跑了，刹那之间便消失得无影无踪。水手被这野蛮人的速度惊得目瞪口呆，甚至没想到起身追赶他。从此他再也没见过自己的烟卷，也没见过那拿着烟卷的人。

他们的视力非常敏锐，身手十分矫捷，欧洲人根本无法接近他们。百步之外，他们就能用一枚半个铜钱大小的硬币准确地击中你。更加令人震惊的是，他们并不会用眼睛来瞄准，而是不断跑来跑去，扭动着身体。你甚至会觉得那石子是被一只无形的手扔出去的。勒·杜泰尔特（Le P.du Tertre）对于安德列斯群岛野人的描述与我们对好望角霍屯督人的描述有异曲同工之妙，他也极力地颂扬了他们射飞鸟、游鱼的灵动技巧，而且还说他们在射中游鱼之后会下水把猎物捞起。

南美洲的野蛮人的力量和灵敏度可谓声名远扬。下面的故事便能向我们展示出南美洲印第安人的这些特质：1746 年，布宜诺斯艾利斯的一个印第安人被发配到加的斯去服苦役。他大胆向总督提议，说他愿意在节日里，站在大家面前，冒着牺牲性命的危险赎回自由。

他同意与一头最凶猛的公牛决斗，手中只拿一根绳子，再无其他武器。他将制服这头公牛，把公牛带到大家指定的地点，并会用绳子将其拴住。他会给公牛套上鞍子和笼头，然后自己骑上牛背，与另外两头从斗牛场中放出的最凶猛的公牛决斗，然后将它们逐一杀死。从开始的那一刻起，他将独自完成这些任务，无须他人协助。

总督接受了他提出的条件，印第安人也信守承诺，悉数完成了所有任务。若想知道他是怎样做到的和其中细节，还请读者自行翻阅考戈耶（Gautier）所著的《关于博物学上的考证》12 开本，第 1 卷，第 262 页。这段故事正引自此书。

[注 7] 布冯先生曾说过："马的寿命与发育周期成正比，这点与其他所有物种都一样。人类的发育周期是十四年，而寿命是发育周期的六倍或七倍，也就是说人类可以活到九十或一百岁，而马会在四年内发育完毕，寿命同样是发育周期的六倍到七倍，那就是说马可以活到二十岁或者三十岁。几乎所有动物都符合这一规律，不符合这种情况的动物寥寥无几。我们不必将之视作可以影响结论的范例。肥马比瘦马的成长周期要短，相应的它们的寿命也更短，甚至在十五岁的时候就已经进入老年阶段了。"

[注 8] 我观察到了肉食动物和素食动物之间的另一个差异，这个差异比注释 5 里面提到的差异更加普遍，因为这一差异延伸到了鸟类。这一差异主要体现在它们的幼崽的数量上。以植物为食的动物通常一次只会产下至多两个幼崽，而食肉动物的情况却大不相同。

　　对于这一点，通过观察动物乳房的数量就能体会大自然的用意。通常情况下，前者只有两个乳房，比如母马、牧牛、母山羊、母鹿、母绵羊，等等，而后者的乳房往往多达六到八个，如母狗、母猫、母狼、母老虎等。母鸡、母鹅、母鸭、鹰、雀鹰、猫头鹰等食肉禽类都会一次产下并孵化很多蛋，而只吃谷物的鸽子、斑鸠等情况则截然不同，它们一次只能生产或孵化两个蛋。对于这种差异，最合理的解释就是：这种完全以草本植物为食的动物，一天中大多数时间都在外出觅食以填饱自己的肚子，因此无暇同时兼顾好几个幼崽，而食肉动物很快就可以吃饱，这样就可以频繁地往返于幼崽和猎物之间，以此弥补奶水的大量消耗。

　　对于这些理论，我们做的观察和进行的思考不胜枚举，在这里就不赘述了。因为在这一部分我主要想指出自然体系中最普遍的规律，而这一体系也进一步验证了人类应该被移出食肉动物这一类别，而被归进素食动物的行列。

现代的学者通过计算人类生活中的幸福和苦难，然后进行比对，发现后者的分量远远超于前者。由此得出结论：生命只是自然给人类的一个毫无价值的礼物。我对他的结论并不感到惊讶。因为他的结论是从文明人的结构中得出的。

如果他对自然状态中的人类展开研究，就会发现研究结果大不相同。他会发现人类的困难不过是自作自受，如此，他也不必对自然有诸多责难了。

而且，我们为了让自己痛苦还耗费了不少心血。一方面，我们只看到了人类所做的大量工作：我们极力完善科学，创造艺术，应用各种能量，动用了如此多的人力——我们填平沟壑，敲碎石头，疏通河流，开垦土地，抽干湖泊，泄干沼泽，建造数不清的建筑，让无数船只、水手在海面上横行，但另一方面，我们却没有深入思考这些发明创造给人类带来的真正的好处。

我们只会为事物之间的不平衡而感到震惊，为人类的盲目感到痛心。人类的内心已经被自己愚蠢的骄傲，和一种我难以描述的自我欣赏所填满，他们疯狂地追逐着自己能感受到的所有苦难，而仁慈的自然却一直煞费苦心地使人类远离苦难。

文明人是邪恶的存在，那令人悲痛的经验就是证明。人类的本性是善良的，我在前面的部分也曾说过这一点。那么除了人类结构的改变、取得的进步和获得的知识，是什么让他们堕落至此呢？

人们大可以极力赞美人类社会，但人类的利益关系越是复杂，对彼此的恨意就会越深，这是不争的事实。表面上人们互相帮助，一团和气，实则无所不用其极地互相残杀。

在这种情况下，人类为了追逐利益，自顾自地设定了一套规则，而这规则却与社会主体中的公众利益背道而驰。如此一来，人人都将自己的幸福建立在他人的不幸之上，那么我们应该如何看待这种交往方式呢？在这种情况下，任何人或许都会受到那贪婪的继承者——自己的子女默默地诅咒；一次海难造成的惨案对某一批发商来说却是天大的好消息；某人房屋被付之一炬，却令其借款人十分欢喜，因为欠条也随房屋化成了一缕青烟；任何一个民族在看到邻国遭受不幸时都会感到幸灾乐祸。由此，同伴遇难，我们却能从中获利，一个人的不幸会造就另一个人的幸运。

然而，更为危险的是，集体性的灾难已经成为一大群个体的期盼和愿景。有人期盼疾病，有人期盼死亡；有人等待着战争，有人希望闹饥荒。我曾见过一些丧尽天良的人在风调雨顺、粮食充足的年份害别人泣涕涟涟。那在伦敦发生的大火灾，夺走了无数性命，使得数不清的人家破人亡，而有上万人却目光灼灼地在这次灾难中寻找机遇。

我知道蒙田（Montaigne）曾批评过一位名叫戴马

德（Demades）的雅典人，因为他曾惩罚过一个向同胞
高价出售棺材，发死人财的工匠。蒙田的理由是：他不
应该只是惩罚工匠，所有人都应受到惩罚。他的理论与
我的想法不谋而合。

因此让我们穿过浮夸、伪善的表面，去了解人们内
心深处的想法吧。我们去想想，当人类表面一团和气，
暗地里相互摧残时；当他们生来便被划分为敌人时；当
他们为了利益而变得阴险狡诈时，这是怎样的世态啊？

或许有人会告诉我，社会构成本该如此，会有人通
过服务他人而获利。如果人类不以伤害别人的方式而去
追逐利益也无可厚非，然而通过非法手段获得的利益却
往往远超用合法方式得来的利益，伤害他人也比帮助他
人更有利可图。如此一来，罪犯便极力寻找摆脱法律制
裁的方式，而强者动用武力、弱者用尽诡计也是为了达
到这一目的。

而野蛮人只要填饱肚子就能与其他人和谐共处，能

与所有人成为朋友。他们是否会因为争夺食物而产生争执呢？他们通常会权衡利弊，对打架和去别处觅食的难度进行比较。他们通常不会为了尊严而发生口角，往往只是挥上几拳便作罢。成王败寇，胜者就能有东西吃，而战败者就会去别处碰碰运气，然后一切又恢复平静。

但面对同一情况，身处社会中的人类的处理方式却大不相同。他们一开始只想争取生活必需品，然后就希望获得一些积蓄了，再然后他们对美味佳肴、金银财宝也产生了兴趣，再然后是权力和奴隶。他们从不停歇，令人惊讶的是，他们的需求越是不自然或不迫切，欲望就越强烈，而随着激情的膨胀，他们满足欲望的能力越发强大。因此当漫长的繁荣期过去后，在无数财富和生命被耗尽后，我们的"英雄"终于要大开杀戒，要让自己成为宇宙中唯一的主人了。

这即便不是人类世界的缩影，也至少是文明人心中隐秘的野心。

　　请不带有任何偏见地比较文明人和野蛮人。如果可以，你不妨去探究一下文明人的世界。除了了解他的邪恶、欲望和灾难外，还应清楚他们是如何向痛苦和死亡敞开大门的。你会看到强加到我们身上的痛苦，让我们耗尽心血、疲惫不堪的强烈激情；让穷苦人民苦不堪言的工作量；让富人们沉醉，使人因得不到而死亡，而有些人却因不知节制，过度享受而丧命的安逸生活，它表面上看起来人畜无害，实则更加危险。你会看到荒谬的食物混合物、有毒的作物、腐烂的食物、冒牌药物，以及售卖者的诡计、医生处方的谬误、配置药物所用的各种有毒器皿；你会注意到一些人头攒动的地方，由于空气不流通，一些流行性疾病肆虐开来。还有因为我们过分精致的生活方式，由于室内外温度的悬殊，我们增减衣物时粗心大意，以及我们趋之若鹜的一些感官享受（这种享受逐渐变成了习惯，倘若不能满足这一习惯，我们就有可能有损健康甚至丧失生命）所引发的各种疾病。

更别提那毁灭、倾覆整个城市，使成千上万的居民丧生的火灾和地震。如果你细数这些危险和我们持续遭受的苦难，你会发现我们因为忽视大自然而遭受的惩罚是多么惨痛。

我也不必重复战争给人类带来的痛苦，这点我在前面的内容里提到过。我只希望知道详情的人愿意或者勇敢地向我们披露那些粮食公司老板或者医院负责人在军队中作恶的细节，如此我们便能发现他们的伪善比刀剑更能伤害到士兵们，甚至最精锐的军队也会因此消亡。这样造成的死亡人数甚至比每年海难遇难者的人数还要多，这些人或者死于饥饿，或者患坏血病而死，或者遭受海贼突袭，或者死于火灾或者沉船。

显然，所有的谋杀、投毒、拦路抢劫，以及对于这些恶行的惩罚，都应归咎于私有制和社会的建立。为了阻止更多恶行的出现，惩罚措施必不可少，但如果因一人的死而将两个甚至更多的人处死，这难道不是在让人类的损失加倍吗？

还有多少阻止人类降生，欺骗大自然的无耻行为？这些残忍、卑鄙的手段扼杀了大自然的优秀作品，而野蛮人或者动物对这些行径毫不知情，只有所谓的文明国度才会产生这样腐败堕落的想法。有人会秘密地堕胎，这是放荡和堕落行为的必然产物；有人还会溺死婴儿或抛弃婴儿，无数婴儿因父母的穷苦而成为牺牲者或成为母亲放荡耻辱行为的受害者；又或者是对那些不幸之人的身体的破坏，他们的余生和他们的后代都在为虚妄的歌谣祭奠；更令人不齿的是，他们甚至沦为了一些人残忍的嫉妒心的牺牲品。

这种行为无论对于承受这种痛苦的人来说，还是对于他们遭受这些的目的而言，都是对自然的双重侮辱。假如我寻根溯源，去探寻人类被败坏的源头，甚至包括各种"神圣的"关系——在这样的关系中，人类会以财

富为先，然后才去聆听大自然的诉求。文明社会的混乱
使美德与恶行难以分辨。在这样的情况下，贞洁变成了
不道德的谨慎，而拒绝向别人献出自己的生命却成为充
满人情味的行为。但我并不想揭开这掩盖着如此多恐怖
之事的遮羞布，我只想指出存在的"病症"，以便他人
可以找寻良药。除此之外，让我再补充上那些危害生命
或摧毁人的健康的职业，比如金属开采或加工金属和矿
物，特别是跟铅、铜、汞、钴、砷、雄黄有关的工作；
还有其他一些危及人的性命的职业，比如瓦工、木匠、
泥瓦匠和采石工等。倘若我们把这些因素集合起来，就
会看到在社会从建立到完善的过程中，人类不断减少的
原因，有诸多哲学家也已经注意到了这点。

　那些不惜以牺牲别人满足自己，极力想让别人尊
重自己的人，让奢侈的出现成为必然，而奢侈也迅速让
社会初期产生的邪恶走上了巅峰。它冠上让穷人活下去
的名堂（这本就是不合理的），实则让其他所有人都变

得更加穷困潦倒，并且迟早会使这个国家里的人走向消亡。

奢侈这种所谓的"良药"，比它假装去治疗的疾病糟糕百倍。换句话说，它本身就比所有疾病更加可怕，在任何国家都是如此。在这些国家里，为了维持大批的仆人和随从，劳动者和公民被压榨得叫苦不迭。它就像灼热的南风，使得树林里和田野中遍布害虫。这些害虫夺走了益虫的食物。凡是这股热风所到之处，民不聊生，死伤遍野。

社会中的奢靡之风愈演愈烈，在这样的情况下，文艺、工艺、贸易和文字也应运而生。这些一无是处之物使工业繁荣富庶起来，同时也使国家逐渐走向衰败，而导致毁灭的原因非常简单。很显然农业本质上就是所有艺术中最无利可图的一个，因为它的产物是为了满足人们生活所需，那么产品价格就必须在人所能承担的范畴之内。

　　这就体现了这样一个规律：通常情况下，艺术的盈利程度与其实用性成反比。如此一来，最重要的反而最容易被忽视，那么由此我们就能判断工业带来的利益和其进步所产生的实际效果。

　　这就是那些原本令人羡慕的国家从富足变得悲惨的原因。随着工业和艺术的蓬勃发展，倍受轻视的农耕者们承担起了维持奢侈所需的高额税款，然后一生都在辛勤劳动和食不果腹中挣扎，最后不得不离开田地，去城镇里谋生。人类愚蠢的目光越是聚集在大都市，大量田地被遗弃，肥沃的土地不被开采，而城市街道上充斥着乞丐或者小偷的现象就会越多。这些人一步步走向沉沦，最后注定在车轮下或在阴暗肮脏的角落里死去。如此，国家一方面变得富有，另一方面却变得更加虚弱，人口也越来越少。就算是最强大的君主制国家，在利用无数劳动者为其谋取财富之后，最后也逐渐变得贫穷，而后败在因野心而入侵的国家手上。这些国家再次经历从富有变穷困的过程，周而复始，最后被他国入侵并被彻底毁灭。

我希望有人能屈尊告诉我们，那些在数百年来不断蹂躏欧洲、亚洲和非洲的大批野蛮人从何而来？难道他们也是精湛的艺术、明智的法律和卓越的政策的产物吗？我希望有人能大发善心给我们讲讲，为什么那些凶狠的、残忍的，没有理性、不受限制也没受过教育的人，不但没有为了争夺食物和住处而刀剑相向，反而能繁衍到这个程度呢？我想让学者们讲讲，为何这些穷苦的人有如此强大的勇气，能够直面那些像我们一样敏捷的、有严格的军纪、完备的法典和明智的法律的人？最后，为何社会在南方地区趋于完善后，自从人们不辞辛苦教人类学会相互间的义务及和谐相处的生活艺术之后，人口大量繁衍的盛况却不复存在了呢？我只怕有人会信誓旦旦地回答说："这些伟大的事物，比如艺术、科学和法律都是人类别出心裁的发明，这些东西就像瘟疫，是为了防止人口过度增长而出现的淘汰机制，这样活下来的人类就能有充足的生存空间。然后呢？难道社会必须被毁灭吗？难道要消去"你的"和"我的"的区别，然后人类要回到森林里去跟狼和熊一起生活吗？这是我的反对者可能做出的推论，与其让他们最后自取其辱，还不如我自己先提出来。

唉，人类啊！你们从未聆听过神灵的声音，你们认为人类的目标就是安然度过短暂的一生！你们不如将那你们视若生命的财产、不安的精神、腐败的内心和无节制的欲望留在城市中，重拾那本该属于你的古老而又原始的纯真，回到森林中去吧，忘记你的同胞们的罪行，不必因自己唾弃同类而感到恐惧，在放弃他们所谓的"完美"的同时，你也放弃了那罪恶。

而像我这样已经被七情六欲摧毁了最简单淳朴那部分的人，已经不能以草和橡树为食，也不能放弃法律和管制了。

那些从祖先开始就接受过大自然的教诲的人，那些在最初的时候就意图给予人类行为加上他们长期累积的道德标准，并将此作为箴言（这箴言本身并不会产生歧义，而它在其他体系内无法被解释）的人，总之，就是那些确信神灵的声音会带领人们走向尽善尽美和神圣的智慧的幸福之人。这些人会在学会辨别美德的同时，用实际行动去践行美德，而这份顺从也应得到永恒的奖励。他们会尊敬所处社会中的所有神圣的关系，他们会爱护自己的同胞，会竭尽全力为他们服务，他们会遵纪守法，服从管理者的指令，他们会尊重那些贤明的君主，因为这些君主能及时预防、妥善解决或者能减轻肆虐在人群中，随时准备攻击我们的邪恶和暴行。

他们会不卑不亢地向首领们说明自己对职责的坚守，由此激起首领的热情，但是对于一个需要多个智慧之人的协助才能建立起来的宪法（而通常没有这么多智慧之人），一个产生的灾祸远大于带来的好处的宪法，他们依然会选择轻视。

我们通过自己，或者通过历史和与旅行者的交流而了解到：人类中有人皮肤是黑色的，有些是白色的，有些则呈红色；有人留着长发，有人却只生卷发；有人全身都被毛发覆盖，还有人几乎没有胡子；有些民族的人体型巨大，如巨人一般；更不用提那稍显夸张的匹格美（Pigmies）神话，我们也知道拉普人（Lapon）尤其是格陵兰人（Greenlanders）身高都低于正常水平，甚至有些民族的人还像爬行动物一样长着尾巴。

况且，即便我们不相信希罗多德人（Herodotus）和克罗佳斯人（Ctesias）的描述，只要加以观察，我们便能发现：各个民族的行为举止较以前已经产生了很大的不同，身体形态和习惯也产生了极大的变化。我们能轻易地为这些事实提供毋庸置疑的佐证，而会为这些事实感到震惊的也只有那些只会注意到周遭的事物，完全不懂气候、空气、食物、生活方式和习惯的差异产生的强大影响力的人们。他们不会知道，这些同一的原因，在世世代代中不断流传发酵，最后会产生惊人的力量。

现在，在贸易、交通、战争的不断推动下，散布在地球各处的民族之间的联系愈发紧密。在频繁的交往中，人们的行为和习俗越来越相近，有些民族间的差异已经被消除了。

比如，尽管随着时间流逝，法兰克人和诺曼底人逐渐开始混居在一起，罗马人在频繁往来中消除了气候对其自然体质和肤色的影响，但我们依然能发现，法国人的外貌特征已经不再符合拉丁史学家的描述了，他们的金发白肤和高大身躯已经发生了变化。

所有的观察显示，有无数种原因导致了人类差异的形成，这使我不禁怀疑，那些被旅行家们认定为野兽，而与人类却有相似之处的动物，是否就是野蛮人呢？而对于这些动物，旅行家们要么通过观察发现外形上存在差异，要么仅仅因为它们不会说话，就认为它们不是真正的人类（即便只是处于原始状态）。其实这个种族可能因为世代在丛林中生活，没有机会发展自己真正的能力，也没有取得进步，所以仍处于原始的自然状态。为了证明我的观点，下面我将举一个例子。

《旅行史》的译者说，在刚果国，生活着许多在东印度被称为奥朗－乌（Orang-Outang）的大型动物，它们的形态处于人类和狒狒之间。

巴特尔（Battel）说，在卢安哥（Loango）王国的麦永巴（Mayomba）森林里生活着两种怪兽。其中比较大的那种怪兽被称为朋果（Pongo），其他的被称为昂日克（Enjoko）。前者外形与人类相像，但要更胖也要更高。它们长着人类的面孔，但眼窝要更深。它们的双手、两颊和耳朵上都没有毛发，眉毛却奇长无比。它们身体其他部分上毛发较多，且呈棕色。总而言之，它们与人类唯一的区别就体现在腿部：他们没有腿肚子。它们会直立行走，同时用手拿住脖子上的毛发。它们住在树林里，在树上栖息，还自己搭了屋顶以免淋雨。它们从来不吃肉，只吃坚果和其他野果。在树林里穿行的黑人们，通常会在晚上燃起篝火。他们注意到，往往第二天早上他们一离开，朋果们就立即聚在篝火旁，直到火熄灭了才离开。因为尽管这些动物非常灵敏，但却不够聪明，不知道朝火堆里加柴火。

它们有时会成群结队地行走，会杀害在树林里穿行的黑人。它们还会袭击在自己的领地上吃草的大象，会对大象拳打脚踢，棍棒相加，直到大象嚎叫着仓皇而逃。在朋果的成长过程中，从未被人类活捉过，因为它们实在强壮，十个人也无法制服一个朋果。

但黑人曾经抓到过几个年幼的朋果，那是在杀死它们的母亲后才完成的。年幼的朋果们紧紧依附在母亲的身上，将它们分开费了不少功夫。一个朋果死去后，其余的朋果会在它身上盖上树叶和树枝。波尔柴斯（Purchass）也曾说过，他曾亲耳听巴特尔讲过，一天一个朋果从他这里掳走一个年幼的黑人，而这个小黑人竟然同这些动物生活了一个月。因为只要不盯着它们看，它们就不会加以伤害，这是小黑人观察得出的结论。巴特尔没有描述第二种怪物。

达拜尔（Dapper）进一步证实，这种在印度被称作奥朗－乌的动物在刚果王国确实随处可见。这个名字意为"丛林居住者"，非洲人将其称为果加斯－莫罗斯（Quojas-Morros）。他说，这种动物与人类实在相似，甚至有旅行家认为它可能是一个女人和猴子结合的后代。这种说法实在荒唐，就是黑人也会一笑置之。

有人曾将这种动物运到荷兰，献给当时的奥伦治王腓特烈·亨利（Frederick Henry）。它与三岁儿童等高，中等肥胖，但有棱角。它的身材比例很好，非常好动，且动作灵敏。它壮硕的腿上肉嘟嘟的，前胸没有毛发，后背却覆盖着密密的黑毛。一眼望去你会发现它的脸与人类极其相似，但它的鼻子很扁平且鼻孔朝上，耳

朵跟人类的耳朵没什么差别。因为它是雌性，因此长有
乳房。它肚脐深陷，两肩平齐，双手手指和大拇指分
开，腿肚和脚跟肥硕且扁平。它通常会直立行走，也能
扛起相当重的物体。当它想喝水时，会一手拿起壶盖，
另一只手托着壶底，喝完后还会抿一抿嘴。当它躺下的
时候，会在头下放一个枕头，还会灵巧地为自己盖上什
么东西。别人看到会以为躺在床上的是一个女人。黑人
们常会讲述有关这种动物的奇怪传说，说它们不仅会追
逐妇女和少女，还敢与手拿武器的男人正面对抗。总而
言之，种种现象表明它们很可能就是古人所说的半人
半羊的神。麦罗拉（Merolla）曾说过，黑人在打猎时，
有时会抓到这种雄性或雌性的动物。

除此之外，在《旅行史》第三卷中，这种与人相似
的动物也曾出现过。在那里它们被称为贝果（Beggo）
或曼德利尔（Mandrill）；

但如果我们相信这些描述，那么会发现它们与人

类的区别简直微乎其微，甚至比两个人之间的差别还要小。通过翻阅这些章节，我们无法发现任何作者不把这些动物称为野人的理由，但可以猜出，或许它们的愚蠢和不会说话的事实是主要原因。

而对于那些清楚人类生来就有发声器官，但语言本身并不是天生就会的人，这些理由根本站不住脚，因为他们知道，文明社会中的人能够通过不断完善拥有强于原始状态很多的能力。从对这种动物的描述中，我们可以明显看出人们对这种动物的观察多么的草率，且含有多么大的偏见。比如，这些动物被认为是怪物，却被认定有生育能力。巴特尔曾在一段描述中说朋果们会杀死在丛林中遇到的黑人，而在另一段描述中，波尔柴斯又说在朋果抓到黑人之后，只要黑人不盯着它们看，它们就不会加以伤害，还会悉心照料。

关于这种说法，在黑人离开后，朋果们会聚集在篝火旁，火焰熄灭了就会离开，这是他描述的事实，而人们对此行为的注解是："因为他们不够聪明，不知道往火堆里添柴。"但我想知道，巴特尔和波尔柴斯是如何知道朋果的离开是因为愚蠢而不是有意为之呢？卢安哥气候温暖，并不需要燃火，而黑人燃起篝火并非为了取暖，而是为了不让野兽接近他们。这样一来，一切就顺理成章了：朋果们坐下来欣赏火焰，或者在身体变暖之后，觉得总待在一个地方太无聊了，于是便离开了。它们不吃肉，所以要用更多的时间去采摘野果。除此之外，众所周知，大多数动物或者人类都有惰性，非到万不得已他们不会去叨扰自己。最后，灵敏度和力量都饱受赞誉的朋果，知道埋葬死去的同伴，也知道用树枝和树叶为自己搭建房顶，却不知道往火堆里加柴火，这不是很奇怪吗？我记得自己曾亲眼见过猴子往火堆里添柴火，而巴特尔和波尔柴斯却否认朋果有这样的能力。

诚然，我承认那时候我的思路还没转过来，我也曾有过和那些旅行家一样错误的想法，因为我没有去探讨猴子的意图是为了使火焰继续燃烧下去，还是只是单纯地想模仿人类。很明显，猴子并不是人类的变种，不仅仅是因为它没有说话的能力，更是因为这一物种没有自我完善的能力，而这正是人类所特有的能力。但是对于朋果和奥朗－乌，我们还没做过周密的实验，还不能得出可靠的结论。如果奥朗－乌或者任何其他动物属于人类这一物种，那么一定会有观察结果可以加以验证。但是，仅仅一代人还无法做出这样的实验，况且这个实验根本无法实施，因为在进行实验之前，首先必须对假定的理论加以证实。

任何草率的定论都不是理性思考的结果，往往容易让人走向极端。我们旅行家们将这些生物命名为朋果、曼德利尔、奥朗－乌，而古代人的命名方式更具神意，他们将其取名为半人半羊神（Satyres）、农牧神（Faunes）和森林神（Sylvains）。

如果对其进行深入调查，我们或许会发现这些生物就是人。在未进行调查之前，对于这个问题，我们既可以相信商人巴特尔、达拜尔、波尔柴斯，也可以相信其他杜撰者，自然也有理由相信贤士麦罗拉。他目睹了事件的发生，他为人勤俭且极具天赋。

那么对于我之前提到的在 1694 年找到的狼孩，观察者们又会作何评价呢？这个狼孩没有任何理性的特征，用四肢爬行，也不会说话，而仅能发出的一些叫声也与人类的声音截然不同。向我讲述此事的哲学家继续说："这个孩子很久之后才能开口说话，但是说话的方式仍然很粗野。他刚刚能开口说话的时候，人们便纷纷让他描述自己最初的状态，但他却毫无记忆，就像我们不记得婴儿时期的事情一样。"后来这孩子不幸地落入旅行者的手中，因为他不会说话，也很愚笨，旅行者们一定会把他送回丛林中或者把他囚禁在牢笼里，然后会在文章里用夸张华丽的辞藻，将他形容为一个长得有些像人类的、神秘的野兽。

　　尽管三四百年以来，欧洲人开始遍布世界各地，不断发表着新的游记，我仍确信他们所描述的只是我们所熟悉的人类。即使在文学家中，也存在着许多荒唐的偏见。很多研究者打着研究人类的名堂，实际不过是在研究本国人民。个人的来来往往不过是为了取悦自己，哲学家们也并不是什么旅游爱好者，如此一来，每个民族的哲学只适用于本国，在任何其他民族都会"水土不服"。造成这种现象的原因很明显，至少对于那些遥远的国度是这样的。只有四种人会进行远途旅行：水手、商人、士兵和传教士。我们无法指望前三种人会去做观察研究，那么希望只能落在传教士的身上了。尽管他们不会像其他三种人一样受到各个国家的排挤，但他们也难以担此重任。因为一般只有强大好奇心的人才会去潜心研究，而他们有自己的更为重要的使命要去完成，做这些事会耽误他们的进程。

而且，对他们来说，顺利地传递福音只需要足够的热情，上帝会赐予剩下的一切，但是做研究的人需要出众的天分，而这并不是人人皆有的，甚至是圣人也不一定得此恩赐。

当我们翻阅这些游记的时候，会看到大篇幅的对于风土人情、人物形象的描写，但令人惊讶的是，这些旅行家们说了这么多，却对人类不熟悉的事情只字未提。他们走到世界另一端，见到的事物却是普通人在居住的街道就能见到的东西，而那些能够区分不同种族，震撼人眼球的特征，却在他们眼皮子底下溜走了。因此那些迂腐的哲学家们总会说这样一句话："所有国家的人都是一样的。"如果按照这个说法，所有人都有着一样的欲望和罪恶，那么研究各个民族的差别也就没什么必要了。我们会从这样的推理中得出如下结论：根本没有办法区分皮埃尔和雅克，因为他们都有一张嘴、一个鼻子和两只眼睛。

我们就再也无法回到那幸福时代：那个时候人们还
没有参与到哲学的领域中，但有柏拉图、泰勒斯和毕达
哥斯这样的有识之士，怀着对知识的一腔热血，长途跋
涉，四处游历只是为了学习。他们跑到世界上最遥远的
角落，为了让人们打破偏见的桎梏而努力。他们学会了
从同一性和差异性两点出发去认识人类，得出了一些普
遍真理，这些真理不仅在一个时代或者一个国家有效，
而且在任何时代、任何地方都经得起推敲。

我们欣赏那些有好奇心的人，他们不惜花费重金让
自己或他人带着智者和画师一起到东方旅游，为了去描
绘遗迹的模样或者复刻铭文。但是我惊讶于在那样一个
重视实用知识和礼仪知识的年代，竟然没有这样两个人
能够结合起来，一个腰缠万贯，一个智力过人，他们对
荣耀有着共同的向望，都希望能名垂千古。他们二人，
一个需要从财产中拿出两万埃居，另一个人拿出生命中
的十年，便可以促成一次震惊世界、留名千古的环球旅

行了。在旅行过程中，他们不仅要观察植物和石头，还会研究人类和风土人情。别人花费数百年测量和勘察房屋，终于有人动了研究屋子里的人的念头了。

那些游历过欧洲北部和美洲南部的科学院院士，他们多半是以几何学家的身份前去研究的，却不是作为哲学家去进行观察的。然而，因为他们既是几何学家又是哲学家，所以我们不能将拉孔达明和莫佩尔蒂观察且描述过的地方称为未知之地。

珠宝商沙尔旦（Chardin）曾像柏拉图一样游历他国，他对波斯的描述非常细致。耶稣会会士也详细地描述出了在中国的所见所闻。荷兰旅行家（Kempfer）对在日本的见闻给出了大概的描述。

除了已有的相关文献，我们对东印度民族几乎一无所知。因为尽管常有欧洲人往来此地，他们的目的只是为了敛财，并不是为了学习和研究。

非洲居民在性格和肤色方面都非常特别，值得我们进行深入探究。这世界上还有太多我们只能叫上名字的民族，而我们竟然还想给人类下定论！

假如有像孟德斯鸠（Montesquieu）、布冯、狄德罗（Diderot）、杜克洛（Duclos）、达朗贝（d'Alembert）、孔狄亚克或者其他有识之士，为了向同胞提供知识而不辞辛苦地游历各国，竭尽全力地观察和描述土耳其、埃及、巴巴里尔（Barbarie）、摩洛哥帝国、几内亚、卡菲尔、非洲内陆及东海岸地区、马拉巴尔（Malabar）、蒙古、恒河两岸、暹罗王国、贝古（Pegu）王国、中国、鞑靼以及日本，还有在另一个半球的墨西哥、秘鲁、智利、麦哲伦土地，别忘了还有巴塔哥尼亚，无论它是否真实存在，还有图库曼、巴拉圭、巴西、加勒比海、佛罗里达州以及所有原始地带。这些是旅行途中最值得注意的部分，需要以极大的爱心和耐心去对待。

假设这些新时代的赫拉克勒斯（Hercules）从这次

难忘的旅程中归来，根据自己所见所闻，有条不紊地写下有关自然、伦理和政治的历史。在他们的笔下，我们将能看到一个崭新的世界，如此，我们便可以去了解人类本身了。

我认为，如果这样的观察者认定某种动物就是人类，而另一种是野兽，我们就应该毫不犹豫地相信他们。

如果我们选择相信那些见识浅薄的旅行家们，那不免显得有些草率了。这些旅行家想要解决其他动物的问题，而我们对他们本身还存在诸多疑问。

[注11]于我而言，这一切非常明显，我不知道我们的哲学家们是从何处得来这些情感，并将其灌输给自然人类的。除了自然要求我们必备的需求之外，其他的都是习惯形成的（在养成这些习惯之前，这些根本算不上需求），或者是我们日益膨胀的欲望使然。但有一点，

我们并不会对未知的事物产生需求，因此我们能推断出，野蛮人只会对已知的事物产生欲望，而他们只知道那些自己能够掌控或者可以轻易获得的东西。没有什么比他们的灵魂更平静，也没有什么比他们的认知更受限的了。

[注12]我从洛克的《政府论》一书中读到了一种值得推敲的说法。这位哲学家是这样说的："雌性和雄性的结合并不仅仅是为了交配，更为重要的目的是绵延后代，因此，在诞下幼崽之后，只要是幼崽需要食物和保护，他们就依然会生活在一起，直到幼崽长大能够保护自己为止。这是明智的造物主为自己的杰作制定的规则，我们可以发现，低等生物仍然严格遵守着这一规则。在食草动物中，雄性和雌性在交配之后便会分道扬镳，因为雌性动物的乳房里有幼崽能够觅食之前可以享用的充足乳汁，而雄性动物起不了什么作用，他只需要

完成生育这项工作，并不需要照顾雌性动物和幼崽。食肉动物的这种结合关系会更加长久，因为雌性动物无法完成捕猎和照顾幼崽的双重任务。与食草动物相比，食肉动物的生养方式要困难、危险得多，因此雄性的协助对这个家庭来说至关重要。在这个家庭的每个成员都能自行觅食之前，雄性和雌性动物就必须承担起共同照顾幼崽的责任。鸟类中也存在这样的状况，但那些常年生活在食物充足的地方，雄鸟不必照顾幼鸟的情况除外。我们能够发现，在幼鸟嗷嗷待哺的时候，雄鸟或者雌鸟会立即飞回去哺育幼鸟，这样的情况会一直持续到幼鸟会飞且能保护自己为止。

以我所见，人类的男性和女性的结合关系比其他生物更加长久的主要原因在于有生育能力的女性往往会在孩子能够不必借助父母的帮助去独立生活之前，生下另一个孩子，而父亲不得不去照顾孩子，而且这个周期会很长。他也必须与孩子的母亲保持配偶关系，这种关系的持续时间也比其他生物要长得多。因为对于其他生物来说，在诞下新的幼崽的时候，之前生下的孩子已经能够独立生活了，雄性和雌性之间的纽带便因此中断，它们又回到了自由的状态。当动物交配的季节到来时，它们会去寻找新的配偶。在这里，我们不得不佩服造物主的智慧！他让人类拥有了独一无二的特质，让他们既能为当前的生活做足准备，又能为未来做出打算。造物主有意使人类男性和女性的结合关系比任何其他动物的关系都更持久，同时，以这种方式还能让他们更加勤奋，让他们去追求共同的利益，从而使他们的关系更加紧密，以便他们能共同养育子女，经营家业，因为没有什么比配偶间不确定的结合和频繁的离散对孩子的伤害更大的了。"

秉承着对真理的热爱，我将自己的意见诚实地表达出来，又加上了自己一些不知所云的评论。这些评论即便不能解决问题，也能让问题呈现得更加清晰。

　　首先，我认为精神层面的证据在物质层面无法发挥太大的作用，它们能够证明已有的事实，却无法用于阐述事实存在本身。我刚才提到的洛克先生所使用的正是这种依据。因此即便男性和女性长久的结合关系确实对人类有益，但我们也不能确定这就是大自然有意而为之，否则，我们就必须承认，大自然创造了文明社会、艺术、贸易和一切所谓对人类有益的东西。

　　其次，我不知道洛克是从何处得知肉食动物的结合关系要比食草动物的结合关系长久，且雄性会帮助雌性喂养幼崽的，因为我们并没有发现雄狗、雄猫、雄熊或者雄狼要比雄马、雄羊、熊牛、雄鹿或其他四足动物更尊重雌性。

　　事实恰恰相反，如果说雄性照顾幼崽对于雌性来说不可或缺，那么那种情况也只能发生在食草动物身上，因为只有在这种情况下，母亲才会需要更多时间去觅食，因此不得不忽视幼崽，而像肉食动物中的熊或者狼等动物，进食速度非常快，那么它们就能有充足的时间来喂养幼崽。对于乳房和幼崽数量的观察结果，也是将肉食动物和素食动物区分开来的重要标准。关于这一点，我在注释 [8] 里详细阐述过。如果这一观察结果准确且普遍适用，那么女人只有两个乳房，而且一次只能哺育一个孩子，那么我们就有了更强大的论据来怀疑人类是食肉动物的观点。

因此，如果要得出洛克先生的结论，似乎要将他的观点完全反过来。他区分鸟类采用的方法也并不可靠，谁会相信秃鹫和乌鸦中雌鸟和雄鸟的结合关系会比斑鸠更长久呢？我们观察到，有两种家禽——鸭子和鸽子与洛克先生的理论体系背道而驰。鸽子以谷物为食，而且雄鸽会和雌鸽一起哺育雏鸟。因过于贪婪而臭名远扬的鸭子，毫不关注自己的孩子和孩子的母亲，也丝毫不会提供帮助。像公鸡、母鸡这样称不上贪婪的物种，公鸡也没有喂养孩子或关心母鸡的想法。因此，如果说在其他的鸟类中会有雄性会和雌性一起喂养雏鸟的情况，那只是因为雏鸟最初还不会飞，而雌鸟又不能喂奶，因此它们比四足动物更需要父亲的帮助，而那些四足动物只要有母亲的乳汁就足够了。

再次，能够证实洛克先生论点的依据还存在许多值得斟酌的地方。因为如果想知道自然状态下的女性是否会在前一个孩子能够自给自足之前就诞下另一个孩子，就需要实验结果的支撑，而洛克先生并没有做过这样的实验，也没有人能做出这样的实验。

在同居状态下，丈夫和妻子朝夕相处，妻子很容易受孕，因此我们很难相信，偶然相遇或一时激情导致的交配会像同居生活一样容易让女性受孕。而减少妊娠次数可能会让孩子更加强壮，也能让女性的受孕能力得到恢复，因为女性如果在年轻时期没有频繁受孕，那么她们的生育能力能一直持续到较高的年龄。对于孩子，多种迹象表明他们的力量和器官比之前我提到的原始状态中的他们发育得要晚。他们从父母那里继承的结构上的弱点，接受的使自己四肢发育迟缓的关爱，从小感受的无微不至的关怀，或许还有喝下的母乳之外的其他奶制品，所有的一切都是阻碍他们自然发展进程的绊脚石。我们强迫他们关注各种事物，并要求他们全神贯注，而他们的肉体却没有得到锻炼，这一切可能反而会阻碍他们的成长。因此，如果人们不用上千种方式让他们的精神因超负荷而倍感疲惫，而是允许他们进行锻炼，按这种自然的方式，或许他们能更早行走且能自给自足。

最后，洛克先生最多能证明男性存在某种动机，让他们在女性生下孩子后继续伴其左右，但他根本无法证明在女性生产或十月怀胎之时，男性有与女性生活在一起的必要。如果在受孕或怀胎九月期间，女性不被男性在意，或对于男性来说甚至是陌生的，那么男性为什么要在女性分娩之后照顾她呢？男性为什么要帮助女性照顾一个他不认识的，或者也不知道什么时候降生的孩子呢？

　　显然，洛克先生是把本就存在很多问题的事情判断为既定的现实了。因为我们要知道的不是为什么男性在女性分娩之后还会留下，而是为什么能够在女人怀孕后伴其左右。欲望一旦被满足，男人就不再需要这个女人了，而这个女人也不再需要这个男人了。男人不会花费心思去想接下来会发生什么，也不会知道以后会发生什么。两人分道扬镳，沿着两个方向渐行渐远，我们可以想到，九个月之后的他们可能对彼此毫无印象。因为这种一个个体在繁殖活动中对另一个个体的印象中的偏好，正如我先前所说，需要人类认知的进步或者说是败坏，我们不能盲目假设处于动物性状态的人类拥有这一特质。这样一来，任何女人都能像他认识的女人一样满足他的欲望，对于女人来说也是如此（这里假设女人在怀孕期间依然有性欲，这点还有待商榷）。

　　但如果处于自然状态中的女人一旦受孕，就不再有性欲了，那么她与那个男人结合的障碍就更大了，因为此时的她既不需要让她怀孕的男人也不需要其他任何男人。因此，男人不必把同一女人留在身边，女人也不需要同一男人。这样一来，洛克的理论就此崩塌。这位哲学家的所有观点都没有摆脱霍布斯及其他人论证中的谬误。

　　他们应该解释这些现象是处于自然状态下的事情，即在每个人都独自生活，与别人没有任何联系的情况下，人类没有理由要与别人在一起，即便待在一起也会有一定的原因。他们从来没有想过，应该跨越这个男人和女人自然而然地相伴扶持的时代，回到几个世纪之前来审视这一问题。

　　[注13]在此我就不对这种语言结构的优劣进行哲学思考了。似乎我无权对通俗语言说三道四，因为那些

文人无法耐心忍受我的妄言妄语。因此，就让那些敢于发出质疑之声，永远站在真理这一边的有识之士去与他们对抗吧。如果人类能够彻底废除语言的繁杂、混乱之处，如果人类能够用同一的方式表达，如果人类只用符号、动作和手势表达自己的想法，那么人类会变得更加幸福。实际情况却恰恰相反，在我们眼中野蛮愚钝的动物，却在这一点上，显得比我们更加幸福。因为它们无须他人帮助就能比任何人类，特别是使用外语的人，都更快速地、更有效率地顺利表达自己的想法和感受。

[注 14] 柏拉图指出，离散的数量以及它们的关系对于所有技艺都非常重要，因此他有理由嘲笑那些和他同时代的人声称帕拉墨得斯（Palamede）在围攻特洛伊时发明了数字。这位哲学家说道，这就像是说阿伽门农（Agamennon）到那时候还数不清自己有几条腿一样。

事实上，我们应该认识到，如果在著名的特洛伊围攻时期人们还不会运用数字和进行计算，那么社会和技艺是不可能存在的。即便必须先认识数字才能获得其他科学是事实，但发明数字也绝非易事。一旦我们知道了数字的名称，那么解释其含义和名字所代表的概念就很容易了。但在发明数字之前，懂得其概念是必不可少的，所以他们要摒除其他所有想法，仅从它们的存在出发，对这一问题进行探讨。

这是一个非常痛苦、形而上且不自然的过程，而如果不经历这一过程，这些概念就不能从一个物种或属类传递到另一个物种或属类，数字也不能得到普及。

野蛮人可以分别考虑他的右腿和左腿，或者把它们视作一个整体，从来不去想自己有两条腿。因为描述事物表象特征的概念是一回事，而判定事物数量的数字概念又是另一回事。野蛮人甚至数不到五，尽管他在将两只手合在一起时会发现双手手指能够完全对应，但也不会想到这其中涉及的数字概念。他不知道自己有多少根手指，就像不知道自己有多少根头发一样。如果让他明白数字的概念，又告诉他手指和脚趾的数量一样多，他可能会大吃一惊，然后连忙把手脚放在一起做比较，最后才恍然大悟。

[注 15] 我们不能混淆自尊心和自爱的概念，无论在性质还是影响方面，二者都存在很大的不同。自爱是一种让动物产生自我保护意识的自然情感。这种情感在人类理性的引领下，以及在同情心的塑造下，产生了人性和美德，而自尊心是一种从社会中衍生的相对的、不自然的情感。这种情感会让人认为自己比别人更有价值，从而导致了人类对彼此的伤害，并且成了虚荣心的源头。

如果以上所言皆是事实，那么我可以说在原始状态或者在真实的自然状态中，自尊心是不存在的。这是因为，在那种状态下的每个人都认为自己是唯一对自己感兴趣的观众，也是对自己工作做出判决的唯一法官，所以他们不可能拥有那种从比较中滋生的情感。同样的，他们也不会有仇恨或者怨恨的情绪，因为这些都是受到侮辱后才会产生的情绪。因为有蔑视的感觉或者有伤害他人的意图，才会有侮辱他人的举动，而那些既不会判断自己价值，也不会与别人进行比较的人，即便会因为有利可图而对彼此拳脚相向，也并不会互相侮辱。总而言之，每个人就像看另一个物种的动物一样看待自己的同类。他们或许会从弱者的手中抢夺东西，也或许会被强者洗劫，但他们只会把这种暴力行为当作自然事件，并不会有任何怨恨或者气恼的情绪。

他们对于成败也只会感到喜悦或者悲痛，不会有任何其他情绪。

[注16] 有一点非常值得注意：多年以来欧洲人一

直不辞辛苦地强迫来自世界各地的野蛮人适应他们的生活方式，却从未成功过。即便借助传教士的力量也没有成功，因为传教士或许能让人变成基督徒，却不能使野蛮人变成文明社会的人。野蛮人对我们的生活方式和习俗的抗拒一直有增无减，这种情绪似乎是不可克服的。如果这些可怜的野蛮人真的像有些人说的那样不幸，那么他们心中对我们的管理制度是有着怎样难以想象的、恶劣的判断呢？他们为什么拒绝在我们之中快乐地生活下去呢？然而，我们曾多次读到，有很多法国人和其他一些欧洲人曾自愿地去野蛮人的部落避难，且余生都生活在那里，以那种奇怪的生活方式一直生活着。甚至有一些多愁善感的传教士们会含着泪怀念他们在那被世人鄙视的原始部落中度过的平静、纯粹的日子。或许有人会说，这是因为他们不懂得如何评价自己的处境，那么我想说，对于幸福的定义关乎情感，却与理性无关。此外，这种回答还能有效回击我们自己。以野蛮人的能力，理解我们生活方式固然很难，但我们理解野蛮人的生活乐趣可能更难。事实上，只需稍加观察就能发现，我们所有的努力都只是为了达成两个目标：一个是为了生活的舒适，另一个是赢得他人的尊重。野蛮人们在丛林中度过余生，有时钓鱼，有时吹奏一个做工粗糙的笛子，他也并不想花什么心思去吹出美妙的音乐，只是为了消遣，而我们又怎么会懂得这样的乐趣呢？

人们把野蛮人带到巴黎、伦敦或者其他地方，不辞辛苦地让他们见识我们的奢侈、财富和所有实用且新奇的艺术，而野蛮人认为对这些东西的赞赏不过是一种愚蠢的行为，且对这些东西毫无兴趣。我记得在三十年前曾有人将北美洲的酋长带到了英国王宫。人们在他面前陈列了琳琅满目的各种奇珍异宝以供他挑选，但他却一件都不喜欢。我们的武器对他来说显得过于笨重，我们的鞋不合他的脚，衣服在他眼中也很怪异。他什么都选不出来。最后，他拿起了一块地毯，并用地毯包裹住身体。那些欧洲人连忙问他："你知道这东西怎么用吗？"酋长回答道："知道啊，就像兽皮一样。"如果在下雨天他披着地毯出去，那他连这句话都说不出了。

可能有人会说，这是习惯所致，每个人都有自己的生活方式，正因如此，野蛮人才不知道我们的生活方式的好处。既然如此，野蛮人依然在自己"苦难"的生活中甘之如饴，幸福感远超"快乐"的欧洲人，那么这种现象是否算得上离奇呢？为了用不容置疑的答案反驳这一观点，我先不提那些被迫受到教化的年幼野蛮人，也不提那些在丹麦长大的格陵兰人和岛民，他们要么在痛苦的一生中逐渐衰老死去，要么在试图游回故乡的途中丧生于大海。在此我只想举一个已被证实的例子，让那些仰慕欧洲文明的人去探讨：

那些在好望角的荷兰传教士绞尽脑汁，也没有使任何一个霍屯督人转信基督教。方·德·斯泰尔（Van

der stel）是好望角的总督长，他收养了一个年幼的霍屯督人，他将这个孩子精心培养成基督教徒，学习欧洲的教义和风土民俗。他为这孩子准备了锦衣华服，让他学习几种不同的语言，极力地培养这个孩子，而这个孩子也不负众望地取得了巨大的进步。

总督对这个孩子寄予厚望，于是派他和一名专员一起前往印度。专员非常器重他，让他掌管耶稣会的大小事情。但不久之后，专员去世了，这孩子便独自回到了好望角。回来几天后，在一次与族人见面时，他脱去了身上华贵的服饰，披上了一层羊皮。在他回到城堡后，他将脱下的华美服饰叠在一起，呈给总督长，并这样说："善良的先生啊，请您看一看吧！我不愿穿这样的服饰，而且一生都会坚决排斥基督教。我愿回到我的部落，在族人的信仰、习惯和风俗中生活直至终老。我只求保留您赠予我的项链和短刀，您的大恩大德，我永生难忘。"话音未落，他便消失得无影无踪了。从此，他永远从好望角人的视线中消失了。

[注17] 有人或许会反驳说，在这样的骚乱中，如果对人类的分散没有限制，与其让人类在一起互相残杀，还不如让他们分开各自生活。但是，首先，这些限制至少是地面上的限制。如果考虑到在自然状态下人口过度膨胀的状况，我们会发现，不假时日地球上便会遍布人类，人类的生活空间也会变得非常狭窄。除此之外，人们会考虑到，如果有灾祸发生且发展迅速的话，人类确实会选择相互分散。但是，人类自降生就戴着枷锁，他们逐渐适应了枷锁的重量，然后等待摆脱枷锁的机会。在习惯了种种便利之后，他们便不得不聚集在一起生活了，此时的他们也不像原始时期那样容易分开了。要知道，在原始时期，每个人类都只需要自己，每个人都能自己做出决定，无须听从他人意见。

[注18]我想引用德·威拉尔元帅曾讲述的一个故事。他是这样说的，在一场战役中，一家粮食公司的老板诡计多端，其诈骗行为导致部队士兵们忍饥挨饿、怨声连连。他严厉地斥责了这个老板，并威胁说会对其使用绞刑，而这个无赖立即回答道："你的这些威胁对我可没用，我不妨告诉你，人们别想绞死一个拥有十万埃居的富豪。""我也不知道是怎么一回事，"元帅一头雾水地说道，"但他最后确实逃脱了责罚，尽管以他的所作所为，早就该受绞刑了。"

[注19]文明社会中平等分配的原则与自然状态中严格意义上的平等对立。如果说社会中的成员都按自己的智力和能力为国家效力，那么就应该按照他们做出的贡献的比例进行分配。我们应该从这一角度出发理解伊索克拉底（Isocrate）关于古雅典人的描述。他认为，古雅典人在两种不同的公平评定模式中选择了最适合的

一种。这两种模式之一是无差别地对所有公民，给他们分配同样多的奖励，而另一种是根据每个人做出的贡献进行区分。这位作者补充道，既然放弃了这种不分好坏的无差别的分配方式，那么狡猾的政客们就不可避免地选择了按照贡献进行奖罚的方式。但是，首先无论一个社会堕落到何种地步，都不会出现丝毫不区分好坏的情况；其次，因为法律无法为执法者提供衡量道德好坏的标准，那么，为了避免公民的命运或地位完全在法官的掌控下，法律只给了法官评判行为的权力，却没有评判人的权力，这实乃明智之举。只有民风淳朴的古罗马人才经得起法官的监督，只是后来法庭的出现使一切陷入了混乱之中。我认为，评判一个人的好坏应该是民众的工作。执法者只是充当严格法律的评判者，民众才是道德水平的真正判官，他们刚正不阿且充满智慧，虽然有时他们会被蒙骗，却不会被败坏。公民的地位不应根据个人的优劣来评定，因为这样会让执法者拥有随意解读法律的权力，而是应该根据人们为国家提供的实实在在的服务来决定，因为，只有以这种方式才能做出正确的评价。